こころでからだの声を聴く

ボディ・マインド・バランシング

Body Mind Balancing

OSHO

市民出版社

This title is a special selection of text excerpts from different work by Osho.
The meditative therapy is developed by Osho.
Originally English title; BODY MIND BALANCING

Special thanks to the composer of the music Veet Marco and Deva Yoko
for the sound recording of the meditation process.

こころでからだの声を聴く

目次

CONTENTS

本書をお読みになる方へ

この本に書かれているアドバイスや手引きは、医師・精神療法医・精神病医の診療に代わるものではありません。また、この本は代替医療の提供を意図したものでもありません。本書は、あなたが抱えているかもしれない、健康上・精神上の問題に対する診断や治療を提供するものではありません。いくつかの瞑想は、非常に努力を要する身体運動を含みます。そのような運動がご自分の体調に及ぼす影響にご心配のある方は、瞑想を行なう前に主治医にご相談ください。

※本書はＯＳＨＯの著作からの抜粋を集めたものです。

※ガイド瞑想のプロセスはＯＳＨＯが創作したものです。

まえがき

身体《からだ》は魂の目に見える部分であり、魂は身体の目に見えない部分だ。身体と魂は、まったく分離していない。それらは互いの一部であり、それらはひとつの全体の一部だ。あなたは身体を受け容れ、あなたは身体を愛さなければならない、あなたは身体を尊重しなければならない、あなたは自分の身体に感謝しなければならない……。

身体は存在の中で、もっとも複雑なメカニズムだ——それは、まったく驚くべきものだ！

そして、驚きを感じる者たちは幸せだ。

その不思議な驚きを、あなた自身の身体で感じることから始めてごらん。なぜなら、身体はあなたにもっとも近いものだからだ。

あなたに近づいたもっとも親しい自然、あなたに訪れたもっとも親密な神、それは身体を通してだ。あなたの身体の中には海の水があり、あなたの身体の中には星々や太陽の火があり、あなたの身体の中には空気があり、あなたの身体は大地でできている。あなたの身体は存在全体、そのすべての要素を象徴している。そして、何という変容だろう！　何という魔法のような変化だろう！　大地を見てごらん。そして、それからあなたの身体を見てごらん。何という変容だろう……だが、あなたは決してそれに驚きを感じたことはなかった！　塵が神聖なものになった——これ以上の神秘があり得るだろうか？　これ以上のどんな奇跡をあなたは望んでいるのだろう？　あなたは毎日、奇跡が起こっているのを目にしている。泥から蓮の花が現れる……そして私たちの美しい身体は大地から現れた。

世の中には、まったく新しい教育が必要だ。そこでは基本的に、誰もがハートの沈黙——別の言葉で言えば瞑想へと誘《いざな》われる。そして、そこでは誰もが自分自身の身体に慈悲深くある心を養わねばならない。自分自身の身体に慈悲深くないなら、他人の身体にも慈悲深くなれないのだから。身体は生きている有機体であり、あなたに害を与えたことなどまったくない。あなたが受胎してから死ぬまで、身体は常に仕えている。身体は、たとえ不可能なことであっても、あなたがやりたいことを何でもやってくれる。そして、あなたに逆らわない。

これほど従順で賢いメカニズムをつくり出すことは、想像もできない。身体のすべての機能に気づいたら、あなたは驚くだろう。あなたは自分の身体がしてきたことについて、考えたこともなかった。それは実に奇跡的で、実に神秘的だ。でもあなたは、それに目を向けたことがなかった。自分の身体について知ろうとも思わなかったのに、あなたは他の人を愛するふりをするのだろうか？　そんなことは不可能だ。なぜならそうした人たちも、あなたにとっては身体として現れるのだから。

身体は全存在の中で、もっとも偉大な神秘だ。この神秘を愛し、その神秘とその働きを詳しく知ることだ。不幸にも、宗教は完全に身体に対抗してきた。だがそれは、ひとつの鍵、明確な指標を与えてくれる――身体の英知や身体の神秘を学べば、決して聖職者や神に煩わされることはないと。人は自分自身の中に、もっとも偉大な神秘を見出すだろう。そして身体の神秘の中には、まさにあなたの意識の社《やしろ》がある。

ひとたび自分の意識や自分の実存に気づいたら、あなたの上に神はいない。そのような人だけが、他の人間や他の生きとし生けるものに敬意を抱くことができる。なぜなら、すべてはその人自身と同じく神秘であるからだ――異なる現れ、多様性が、生を豊かにしている。そして、ひとたび内側に意識を見出したら、それは究極なるものへの鍵を発見したということだ。

自分の身体を愛せよと教えない教育は、自分の身体に慈悲深くあることを教えないし、身体の神秘へと入っていく方法を教えない。また、自分の意識へと入っていく方法も教えられないだろう。身体は扉――身体は踏み石だ。身体と意識という課題に触れない教育は、不完全であるばかりか有害でもある。なぜなら、それは破壊的であり続けるからだ。あなたの内なる意識が花開いてこそ、あなたは破壊的であることを免《まぬが》れる。そしてその意識は、創造への途方もない衝動をあなたに与えてくれる —— 世の中にもっと美を生み出し、世の中にもっと快適さを生み出すための。

人には、より良い身体、より健康な身体が必要だ。より意識的で、油断のない在《あ》り様《よう》が必要だ。人には、ありとあらゆる快適さ、豊かさが必要だ。存在は、それを授ける用意がある。

存在は今ここで、あなたに楽園を授けようとしている。でも、あなたは常にそれを延期し続けている——死んでからにしようと。

スリランカのある偉大な神秘家が、死に臨んでいた。彼は大勢の人たちから尊敬されており、人々は彼のまわりに集まった。彼は目を開いた。あとほんの数回、此岸で呼吸をしたら逝ってしまう —— 永遠に逝ってしまうところで、彼の最後の言葉を聞きたいと、誰もが切望した。

老人は言った、「私は生涯をかけて、あなたたちに至福や歓喜や瞑想性を説いてきた。今、私は彼岸へ向かおうとしている。私はもう居なくなるだろう。あなたたちは私の話を聞いてきたが、私の説いてきたことを実践してはこなかった。あなたたちは、いつも延期していた。だが、今や延期するのは無意味だ。私は行ってしまう。私と共に行く用意のある者はいるかね？」

深く、針の落ちる音も聞こえるほどの静寂があった。人々は顔を見合わせて考えた、「たぶん、四十年間も弟子だったこの男なら……彼なら用意があるかもしれない」。だが、その男は他の人たちを見るばかりで、立ち上がろうとする人は誰もいなかった。そのとき、部屋のずっと後方で一人の男が手を上げた。「少なくとも一人は勇気ある者がいたか」と神秘家は思った。

だが、その男は言った、「なぜ私が立とうとせず、手を上げただけなのか、説明させてください。私は、彼岸へ至る方法を知りたいと思っています。とはいっても、もちろん今日のところは用意ができていません。まだやっていないことが、たくさんあります。客人が来ていて、息子が結婚するのです。こんな日には行けません。あなたはおっしゃいます――『私は彼岸から戻ることはできない』と。でも、いつの日か必ず私はあなたに会いに行きます。差し支えなければ、せめてもう一度――あなたは生涯をかけて説いてこられましたが、せめてもう一度、彼岸へ至る方法をご説明いただけませんか？　でも、覚えておいてください。私には今行く用意はありません。ふさわしい時が訪れるときのために、記憶を新たにしておきたいだけなのです……」

その「ふさわしい時」は決して訪れない。

それは、件《くだん》の哀れな男に限った話ではなく、大勢の人たち、ほとんどすべての人たちの話だ。彼らはみな、ふさわしい瞬間、ふさわしい星回りを待っている……。星占いを調べたり、手相占いのもとへ行ったり、さまざまな方法で明日起こることを尋ね回ったりしている。

明日は来ない――明日は決して来たことがない。それは愚かな延期の策略にすぎない。

来るのはいつも今日のみだ。

正しい教育は、あなたとすべての人々に、今ここで生きること、この地上に楽園をつくることを教える。死が訪れるのを待ってはいけない、死があなたの苦悩を断ち切るまで苦しんではいけないと教える。あなたが踊り、楽しみ、愛にあふれているところを、死に見せてごらん。

すでに楽園にいるかのように生きられるなら、そうした体験からは、死は何ものも奪い去ることができない。私のアプローチは、あなたがたにこう教えることだ――これが楽園であり、楽園は他のどこにもない、幸せになるのに準備は必要ないと。愛情深くあるのに修行は必要ない――ちょっとした気の配り、ちょっとした目覚めの状態、ちょっとした理解があればいい。そして、こうしたささやかな理解をあなたに授けないとしたら、それは教育ではない。

――OSHO

イントロダクション

医師や科学者たちは、私たちが常識的にわかっているようなことを、やっと認識するようになりました —— すなわち、身体とマインドには深いつながりがあり、それは肉体的な健康と、健やかな感覚の全般に大きく影響を及ぼしていると。研究者たちの発見によると、肉体的な病気の約半分は、ストレスに関連しています。そして「プラシーボ効果」 —— たとえ砂糖でできた薬を飲んでも、特定の治療や薬に効果があると信じるだけで快方に向かうことは、充分に立証されています。

私たちは、身体的な不調や、感情的な問題について、あれこれと不平をこぼすものです。そんなとき、「それはみんな頭のつくり事だよ」といった言葉を、日々の生活の中で何度も聞いたことがあるでしょう。私たちはそれを否定しているかもしれませんが、密かにそれは本当だと思っているのではないでしょうか。問題は、「それはみんな頭のつくり事だ」と単に知的に理解しているだけでは、役に立たないということです。ＯＳＨＯが話の中でしばしば指摘しているように、意識的なマインドの薄い層 —— 物事を知的に理解する部分は、私たちの現実《リアリティ》の10パーセントにすぎません。無意識の層は遥かに大きく、私たちがそれに触れていないときは、無意識はより強力になり得ます。

マインドの意識的な層と無意識な層、そして身体と健やかな感覚全体へのそれらの影響 —— ＯＳＨＯが1989年に開発した革命的な技法の中でうたっているのは、まさにこのふたつの関係です。それは彼自身の身体への実験として始まりました。そのとき、彼の肩は非常に激しく痛んでいました。当時の秘書の記録によると、ＯＳＨＯが自分の肩に「痛みを落としなさい」と言うと、その通りになったそうです —— 文字通りに！　まず痛みは肩から腕に落ち、次に脚に落ちたのです。さらに彼は実験を続けました。そして、他の人たちも招待し、身体に語りかけて痛みを落とすよう願うという技法を実験しました。痛みはもはや必要のないもので、ひとたび去ってしまえば引き戻す必要はないのです。その後しばらくして、「*Reminding Yourself of the Forgotten Language of Talking to the BodyMind*（心身への語りかけ —— 忘れ去られた言語を思い出す)」が誕生しました。現在では、インド、プネーのＯＳＨＯメディテーション・リゾートにて、1日1時間、7日間のセッションとして提供されています。また、このプロセスのトレーニングを修了した人によって、世界各地で提供されています。

この本とＣＤのセットが刊行されることで、このプロセスは個人でも入手して、取り組むことができるようになりました。健康に関わる仕事の専門家やカウンセラーの方々も、クライアントに薦めることができます。

本書はＯＳＨＯの講話からの、さまざまな抜粋を用いて構成されています。冒頭では、自分では気づかない身体に対する観念や、身体との関わりについて概観します。ほとんどすべての人は、生に対する否定的な態度や、身体に対抗する条件づけと共に育てられてきました。両親や教師たちは、善意から子供たちを「文明化」し、社会に受け容れられるのを助けようとします。それはしばしば、子供たちの自然な豊かさ、元気さ、感覚の鋭敏さ、自分の身体に対する興味を抑圧する結果となっています。

大人となってしまった私たちは、自分の来歴や躾《しつけ》を変えるわけにはいきません ── でも、その躾に隠されている要素や、それがどう自分に影響を及ぼしたかに気づくことができます。不思議なことに、まさに気づくプロセスの中で、以前の無意識な態度は影をひそめ、私たちは自分のために、より生に対して肯定的な新しい態度を選択できるのです。ひとたびこの新しい基盤が築かれたら、身体とその真の欲求に、もっと気づくようになります。そして、自分のために身体が奇跡的な働きをしてくれていることに感謝とありがたみを感じるでしょう。また、身体に対抗することなく、自分が設定した目標を達成するために、より良く共に働けるようになります。

肉体的な健康と精神的な健やかさは深く関係しており、相互に依存しています。「ボディ・マインド・バランシング」は、身体とマインドの協調関係をサポートするのに必要な、意識的な理解と実用的なツールの両方を提供します。誘導《ガイド》瞑想ＣＤの使い方の詳細は、最終章の説明をご覧ください。

キャロル・ニーマン（編集者）

第1章

身体の聡明さ

The Intelligence of the Body

西洋医学の考えによると、人間は独立した単位《ユニット》――自然とは別個のものだ。これほど重大な過ちも他にないだろう。人間は自然の一部だ。人間の健康とは、他でもなく自然と共にくつろいでいることだ。

西洋の医療は、人間を機械的にとらえている――構造に支障がないところは問題ないというように。だが、人間は機械ではない。人間は有機的なユニットであり、病んだ部分だけを治療すればいいというものではない。病んだ部分とは、他でもなく有機体全体が困難に陥っているということだ。病んだ部分は、そこがいちばん弱いから目につくだけのことだ。

病んだ部分を治療すると、効き目があったように見える。だが、今度は別の場所から病気が現れる。あなたは、病んだ部分から病気が現れるのを防いだにすぎない――あなたはそこを強化した。でもあなたは、人間がひとつのまとまりであることを理解していない――人間は病気か健康かのどちらかであり、その中間はない。人間は、ひとまとまりの有機体としてとらえるべきだ。

理解すべき重要な点は、身体は常にあなたに耳を傾ける用意があるということだ――でも、あなたは身体と語り合ったことも、コミュニケーションをとったことも、まったくない。あなたは身体の中にいて、身体を用いてきたが、まったく身体に感謝したことがない。身体は可能なかぎり聡明に、あなたに仕えている――仕え続けている。

自然はよく承知している――身体があなたよりも聡明であることを。なぜなら、身体の重要な事柄は何ひとつあなたに任されておらず、身体にゆだねられているからだ。たとえば、呼吸、心臓の鼓動、血液の流れ、食べ物の消化――それらは、あなたにゆだねられていない。さもなければ、あなたはとっくの昔に混乱していただろう。もし、あなたに呼吸がゆだねられたら、あなたは死ぬだろう。生き続ける見込みはない。というのも、しょっちゅう呼吸を忘れてしまうからだ。喧嘩をすれば、呼吸を忘れてしまう。夜、眠るときは、心臓を鼓動させるのを忘れてしまう。いったい、どうやって覚えておくつもりかね？　また、消化のシステムがどれほどの働きをしているか、あなたは知っているだろうか？　あなたは物を飲み込み続け、自分はたいそう働いていると思っているが、飲み込むことなら誰でもできる。

第二次世界大戦中、ある男が喉を貫通する銃弾を受けたことがあった。彼は死ななかったが、喉を通して飲み食いできなくなってしまった。管全体を閉じなければならなかったのだ。そこで医師たちは、彼の胃の脇にパイプ付きの小さな管をつくった。彼は、パイプに食べ物を入れることになった。しかし、そこには何の喜びもなかった。アイスクリームを入れているときでさえ……彼はとても憤慨していた。

彼は言った、「これでは……味がわからないじゃありませんか」

そこで、ある医師が提案した。「こんなふうにやってみなさい。まず食べ物を味わい、それからパイプに入れるのだ」。そして彼は、40年間そのようにした。彼はまず噛んで楽しんでから、食べ物をパイプに入れた。パイプは実にお誂え向きだった。なぜなら、あなたの体内にも、まさにパイプがあるからだ。それは皮膚の下に隠れているにすぎない。この不運な男のパイプは外に出ていた。掃除でも何でもできたから、それはあなたのパイプよりも優れていたと言える。

消化の全システムは、奇跡を行なっている。小さな消化のシステムが行なっていることを、すべて私たちが行なうことになったら――食物を血液に変え、あらゆる成分を分別し、その成分を必要とされる場所へ送るには、大きな工場が必要になるだろうと科学者は言う。ある成分は脳に必要で、血液で脳に運ばなければならない。他のものは別の場所――眼、耳、骨、皮膚で必要とされる。身体はそのすべてを完璧に70、80、90年にもわたって行なう。でも、あなたはその英知を理解していない。

◆身体の英知

聞いたことがあるかもしれないが、卑金属を黄金に変容させようと試みた錬金術師たちがいた。あなたの身体は、もっと優れたことをしている――あなたが絶えず体内に放り込んでいるあらゆる種類のがらくたを、身体は血液に変容させ、骨に変容させているのだ。しかも血や骨だけでなく、そのがらくたを脳の栄養にも変えている。身体はアイスクリームやコカ・コーラから脳をつくり、その脳はラザフォードや、アルバート・アインシュタインや、仏陀や、ツァラトゥストラや、老子のような人を生み出す。ちょっと、その奇跡を見てごらん！　脳は、小さな頭蓋骨に収まっている非常に小さなものだ……。脳は、たったひとつでも世界のあらゆる図書館を収容できる。その容量は、ほとんど無限だ。脳はもっとも優れた記憶装置だ。同じ容量のコンピュータを作りたかったら、そのコンピュータを機能させるために何マイルものスペースが必要だろう。そして、科学はこれまで発展してきたが、アイスクリームを血液に変容させることはできていない。科学者たちは試みてきたが、アイスクリームを血液に変容させるのに必要な手掛かりを見つけられずにいる —— アイスクリームから脳をつくる！　たぶん、そんなことは起こらないだろう。もしくは、たとえ起こったとしても、それは脳を通じて起こるだろう。それもまた、脳の奇跡だ。

◆身体に語りかける

ひとたび自分の身体とコミュニケーションをとり始めたら、事はとても容易になる。身体に無理強いする必要はない。身体を説得するといい。身体と闘う必要はない —— それは醜く、暴力的で、攻撃的だ。そして、あらゆる種類の葛藤は、ますます緊張を生み出す。だから、どんな葛藤の中にも留まらないこと —— やすらぎを心がけなさい。また、身体は神からのとてもすばらしい贈り物だから、それと闘うことは神を否定することになる。身体は神殿だ……私たちはその中に収まっている。身体は寺院だ。私たちはその中で生きており、トータルに手入れをする必要がある —— それは私たちの責任だ。

　はじめのうちは、少し馬鹿々々しく思うかもしれない。というのも、自分の身体に語りかけるだなんて、私たちは教わったこともないのだから —— だが、それを通して奇跡が起こる。私たちが知らないうちに、奇跡はすでに起こっている。私が話すとき、話すにつれて私の手は仕草《ジェスチャー》をする。私はあなたに話している——何かを伝達しているのは、私のマインドだ。私の身体は、それに従う。身体はマインドと協調関係にある。

手を挙げたいとき、何かをする必要はない——ただ単純に手を挙げるだけだ。手を挙げたいと思うだけで、身体は従う——それは奇跡だ。ところが実のところ、生物学も生理学も、それがどんなふうに起こるのか、いまだに説明できていない。なぜなら、思いは思いだからだ。手を挙げたいと思う——これは思いだ。この思いは、どんなふうに手への物理的なメッセージに変容されるのだろう？　しかもまったく時間がかからない——ほんのわずかな間合か、ときにはまったく時間差《ギャップ》がない。

たとえば、私が話すと、私の手は一緒に動き続ける——時間差がない。身体は、まるでマインドと平行して動いているかのようだ。それはとても繊細なことだ——いかに自分の身体に語りかけるかを学ぶといい。すると、多くのことが起こるだろう。

◆身体に耳を傾ける

身体に従いなさい。どんなやり方にしろ、決して身体を支配しようとしてはいけない。身体はあなたの礎《いしずえ》だ。ひとたび自分の身体を理解し始めたら、苦悩の99パーセントはあっさり消えてしまう。

でも、あなたは耳を傾けない——これまでのところ。身体は言う、「やめて！　食べないで！」。あなたは食べ続ける。あなたはマインドの言うことを聞いている。マインドは言う、

「これはとても味わい深くておいしい。もうちょっといこう」。あなたは身体の言うことを聞かない。身体は吐き気をもよおし、「やめて！　もう充分だよ！　疲れちゃうよ！」と胃が言う。しかしマインドは「味見してみよう……もうちょっとだけ」と言う。あなたは、マインドの言うことを聞き続ける。もし身体の言うことを聞けば、あなたの問題の99パーセントは楽に解消されるだろう。残りの1パーセントは単なるアクシデントであり、真の問題ではない。

しかし、ごく幼い頃から、私たちは身体から注意をそらされ、身体から引き離されてきた。子供は空腹で泣いているが、母親は時計を見る。医者は3時間後にしか子供にミルクを与えてはいけないと言ったからだ。彼女は子供を見ていない。子供こそ見るべき本当の時計なのに、彼女は壁時計ばかり見ている。彼女は医者の言うことを聞くが、子供は泣いていて食べ物を求めている。子供は今すぐ食べ物を必要としている。今すぐ食べ物を与えないなら、あなたは子供の注意を身体からそらす。あなたは子供に食べ物を与える代わりに、おしゃぶりを与える。さあ、あなたは騙し、欺いている。あなたは偽物、プラスチックを与え、身体への子供の感受性を惑わし、殺そうとしている。身体の英知は、発言を許されていない。代わりにマインドが介入している。子供はおしゃぶりになだめられ、眠り始める。時計が3時間経過したことを告げると、今度は子供にミルクをあげなくてはならない。しかし今、子供はぐっすり眠っている。子供の身体は眠っているのに、医者が今ミルクをあげなさいと言ったから、あなたは子供を起こす。またしても、あなたは子供のリズムを壊してしまう。

あなたは、ゆっくりゆっくり子供の存在全体を掻き乱す。やがて、子供は自分の身体の経路をすべて失ってしまう。自分の身体が何を欲しているのか、子供はわからなくなっている——自分の身体が食べることを望んでいるのか否かもわからないし、身体が愛を交わしたがっているかどうかもわからない。すべては外側から、何かに操作されている。彼は『プレイボーイ』誌を見て、愛を交わしているような気分になる。

さて、馬鹿げたことだ——これはマインドであり、マインドが信号を送っているにすぎない。その愛は、本物にはならない——ただのくしゃみ、重荷を降ろすこと以外の何ものでもない。それは、まったく愛などではない。どうして愛がマインドを通して起こるだろう？　マインドは愛について何も知らない。それは義務になる。あなたは妻を持ち、夫を持ち、愛を交わさねばならない。生真面目に、規則的に、毎晩あなたは愛を交わす。そこには、もはや自発性はない。そしてあなたは心配する。なぜなら、自分はそれに満足していないと感じるようになるからだ。そして別の女性を探し始める。「たぶん、この女性は自分にふさわしい女性ではないのだ。たぶん、魂の伴侶《ソウルメイト》ではない。彼女は私のためにつくられたのではないし、私も彼女のためにつくられたのではない。彼女には気がそそられないのだから」と理屈をつけ始める。

女性が問題なのではないし、男性が問題なのでもない。問題は、あなたも身体の中にいないし、彼女も身体の中にいないということだ。身体の中にいるのなら、オーガズムと呼ばれる美しさに気づかぬ人はいないだろう。身体の中にいれば、オーガズミックな体験を通して神の最初の一瞥を知るだろう。身体に耳を傾け、身体に従いなさい。マインドは愚かだが、身体は賢い。そして、もし身体に深く入っていったら、まさにその深みの中で、自分の魂を見出すだろう。魂は、身体の深みの中にひそんでいる。

◆身体は奇跡だ

身体は途方もなく美しく、また途方もなく複雑だ。身体ほど複雑で精妙なものはない。あなたは身体について何も知らない。ただ、それを鏡の中で見たことがあるだけだ。内側から見たことは一度もない。もし見たことがあれば、それ自体ひとつの宇宙だ。それこそ神秘家たちがいつも言ってきたこと —— 身体とは小宇宙だ。内側から見ると、身体は実に広大だ —— 無数の細胞があり、ひとつひとつの細胞は独自の生を営んでいる。各細胞は実に巧みに機能しており、それはほとんど驚異的で、不可能で、信じがたく思えるほどだ。

私たちが食物を食べると、身体はそれを血液や骨や骨髄に変える。私たちが食物を食べると、身体はそれを意識や思考に変える。あらゆる瞬間に奇跡が起こっている。また、ひとつひとつの細胞は実に体系的に、秩序を保ち、内なる規律をもって機能している。それはほとんど不可能なことのように見える —— 無数の細胞があるのだ。あなた一人の身体には、60兆の細胞がある —— 60兆の魂が。ひとつひとつの細胞は、それ自身の魂を宿している。そして、何と適切に機能していることか！　それらは統一性とリズムと調和《ハーモニー》のうちに機能している。また、同じ細胞が眼となり、同じ細胞が皮膚となり、同じ細胞が肝臓や心臓や骨髄やマインドや脳になっている。

同じ細胞が変化する――そして特定の目的のための細胞となる。だが、それらは同じ細胞だ。しかも、何と順調に動き、精妙かつ静かに働いていることだろう。

その中に分け入り、その神秘の中に深く入っていきなさい。なぜなら、あなたはそこに根を張っているからだ。身体はあなたの大地であり、あなたは身体に根づいている。身体において、あなたの意識は、樹のようなものだ。あなたの思考は、果実のようなものだ。あなたの瞑想は、花のようなものだ。だが、あなたは身体に根を張っており、身体がそれを支えている。身体は、あなたの行為のすべてを支えている。あなたが愛すると、身体はあなたを支える。あなたが憎むと、身体はあなたを支える。あなたが誰かを殺したいと思うと、身体はあなたを支える。あなたが誰かを守りたいと思うと、身体はあなたを支える。慈悲、愛、怒り、憎しみ――あらゆる場面において、身体はあなたを支えている。あなたは身体に根を張り、あなたは身体に育まれている。あなたが自分とは何者かを悟り始めるときでさえ、身体はあなたを支えている。

身体はあなたの友人であり、敵ではない。その言語に耳を傾け、その言語を読み解き、そして少しずつ身体という書物の中に入り、そのページを繰っていくにつれ、あなたは生の神秘そのものに気づくようになるだろう。それは凝縮した形で、あなたの身体の中に存在している。それは何百万倍にも拡大され、世界にあまねく存在している。

◆身体の神秘

身体の中には、あらゆる神秘——全宇宙にある、あらゆる神秘が宿っている。身体は小宇宙だ。身体と宇宙の違いは、量的なものにすぎない。ひとつの原子が物質のあらゆる秘密を備えているように、身体は宇宙のあらゆる秘密を備えている。秘密を探し求めて外側へ行く必要はない。内側に向かえばいい。

それから、身体を大切にすること。身体に敵対すべきではないし、身体を非難すべきでもない。身体を非難するなら、すでに神を非難したということだ。なぜなら、身体のもっとも深い奥底には、神が住んでいるのだから。神は住処《すみか》として、この身体という家を選んだ。身体を尊び、身体を愛し、あなたの身体を大切にしなさい。

いわゆる宗教は、人間と身体の間にさまざまな対立をつくり出してきた。あなたは身体ではないということは真実だが、身体に対抗すべきだという意味ではない。身体は、あなたの友人だ。身体はあなたを地獄へ連れて行くこともあるが、天国へも連れて行く。身体は乗り物にすぎない。身体は中立だ——あなたがどこへ行きたいと思っても、身体には用意がある。身体は、途方もない複雑さ、美しさ、秩序を備えたメカニズムだ。自分の身体を理解すればするほど、畏怖の念は深まるだろう。では、宇宙全体についてはどうだろう？　この小さな身体にさえ、実に多くの奇跡が存在する。だから私は、身体を神聖なるものの寺院と呼ぶ。

ひとたび身体に対するあなたの態度が変われば、内側へ向かうのはもっと容易になる。身体があなたに開かれるからだ。

身体はあなたが入ってくるのを許し、その秘密を明かし始める。そもそもヨーガの秘密は、すべてこうして知られた。そもそもタオの秘密は、すべてこうして知られた。ヨーガは、死体を解剖することで生まれたのではない。現代医学は、死体とその解剖に基づいている。それは基本的に誤りだ。現代医学は、いまだに生きている身体を理解できていない。死体を解剖するのと、死体について何かを理解するのは、まったく別だ。まして、生きている身体について理解することは、完全に別物だ。現代科学には、生きている身体を理解するすべがない。理解する手立ては、身体をぶつ切りにし、切り開くことだけだ。しかし切った瞬間、それはもはや同じ現象ではなくなっている。茎や木に付いている花を理解するのと、花を切って解剖するのとは、完全に別のことだ。それはもはや同じ現象ではなく、その質は異なっている。

アルバート・アインシュタインという存在は、死体に何かを付け加えてできるものでは決してない。

ある詩人が死ぬ —— 身体はそこにあるが、詩はどこにあるだろう？　ある天才が死ぬ —— 身体はそこにあるが、天賦の才はどこにあるだろう？　白痴の身体も、天才の身体も、違いはない。身体を解剖しても、その身体が天才のものか白痴のものか、理解できないだろう。それが神秘家のものか、もしくは生において何の神秘にも気づかなかった人のものか、理解できないだろう。それは不可能だ。なぜなら、あなたは家を調べているだけで、そこに住んでいた存在は、もういないからだ。あなたは、鳥のいなくなった鳥かごを研究しているにすぎない。そして鳥かごの研究は、鳥の研究ではない。

それでもなお、身体はその中に神聖なるものを含んでいる。

確実な方法は、自分の内側に入り、そこから —— 自分の実存のもっとも中心部に近いところから、自身の身体を見つめることだ。すると、それは途方もない歓びだ……身体が機能しているのを、動いているのを見るだけのことが。それは宇宙の出来事の中で、もっとも偉大な奇跡だ。

◆身体とマインドのつながり

ほとんどの問題は、心身相関的なものだ。というのも、身体とマインドはふたつの別個のものではないからだ。マインドは身体の内側の部分であり、身体はマインドの外側の部分だ。このため、あらゆることは身体で始まり、マインドに入ってくる。あるいはその逆 —— マインドで始まったものが、身体に入ってくる。そこに区分はなく、水も漏らさぬような仕切りはない。

だから、ほとんどの問題にはふたつの側面があり、マインドを通しても、身体を通しても取り組むことができる。そして、これまではそれが世の中の慣例だったのだが、あらゆる問題は身体に起因すると信じる人々がいる —— 生理学者、パブロフ派、行動主義者たちだ……。彼らは身体を扱い、なるほど50パーセントのケースについては成功した。そして科学が発展すれば、もっと成功するだろうという望みを後世に託した。しかし彼らは、50パーセント以上は成功しないだろう。それは、科学の進展とは関係ない。

また、あらゆる問題はマインドに起因すると考える人々がいる —— それもまた前者と同じように誤りだ。クリスチャン・サイエンスの信者、催眠術師、人を暗示にかける者たち——彼らは皆、問題はマインドに起因すると考える……精神療法士も同様だ。彼らも50パーセントのケースには成功するだろう。彼らはまた、そのうちもっと成功するだろうと考えている。それはナンセンスだ。50パーセント以上は成功できない。それが限界だ。

私個人の理解では、ひとつひとつの問題は、両方の側面から同時に取り組むのがいい——両方の視点からの挟み討ちだ。すると、人は100パーセント回復する。科学が完全になれば、それはきっと両方向に働くだろう。

まず、身体から始める。身体はマインドの入口——玄関であるからだ。また、身体は粗いものなので、簡単に操れる。まず、積もり積もったあらゆる構造から身体を解放すること。そして同時に、マインドを引き下げていたすべての荷を降ろし、上昇していけるよう、マインドを勇気づけるのだ。

◆マインドと身体は別個のものではない

それを常に心しておきなさい。「生理的プロセス」、「精神的プロセス」などと言ってはいけない。それらはふたつのプロセスではない——ひとつである全体の、ふたつの部分にすぎない。

身体は同じエネルギーが固体の状態にあり、マインドは同じエネルギーが流体の状態にあると言える——同じエネルギーだ！　だから、たとえ生理的に行なう事柄でも、単純に生理的にとらえてはいけない。なぜそれがマインドの変容を促《うなが》すのだろうと、怪しんではいけない。酒を飲むと、マインドはどうなるだろう？　酒はマインドではなく、身体に取り込まれるが、マインドでは何が起こるだろう？　LSDを摂取すると、それはマインドではなく身体に入っていくが、マインドでは何が起こるだろう？

あるいは、断食をする場合、断食するのは身体だが、マインドでは何が起こるだろう？　あるいは逆に、性的な想念を思い描くと、身体では何が起こるだろう？　身体はすぐに影響される。マインドでセックスの対象を思い浮かべると、身体は用意をし始める。

20世紀初頭のウィリアム・ジェームスの学説は、いかにも不合理なものに見えたが、ある意味で正しかった。彼ともう一人の科学者ランゲが解明した説は、ジェームス＝ランゲ説として知られるようになった。普通、私たちは怖がるから逃亡し、逃げるのだと言う。あるいは、怒るから目が赤くなり、敵を殴るのだと言う。だが、ジェームスとランゲは、まったく逆のことを唱えた。彼らは、逃げるから恐怖を感じるのだと言った。また、目が赤くなり敵を殴るから、怒りを感じるのだと言った。それは正反対なのだと彼らは唱えた。もしそうでないとしたら、目が赤くなく、身体も影響されておらず、ただ単に怒っているときの怒りというものを、ほんの一瞬でも見たいものだ。身体に影響が及ばないように怒ってみてごらん――すると、怒れないことがわかるだろう。

日本では、子供に怒りをコントロールする簡単な手法を教える。怒りを感じたら、怒りに対しては何もせず、深呼吸を始めなさいと教える。やってごらん――すると怒れないだろう。なぜか？　深呼吸をするだけで、なぜ怒れなくなるのだろう？　怒ることは不可能になる。その理由はふたつある。あなたは深呼吸を始めるが、怒りには特定のリズムの呼吸が必要で、そのリズムがないと怒れない。怒りが存在するには、呼吸における特定のリズム、または混沌とした呼吸が必要だ。

深呼吸を始めたら、怒りは顔を出せなくなる。意識的に深呼吸をしていたら、怒りは表に出られない。怒りには異なる呼吸のパターンが必要だ。あなたが行なう必要はない。怒りが自分でそうするだろう。深呼吸しながら怒ることはできない。

そして第二に、マインドが変わる。怒りを感じているときに深呼吸を始めると、あなたのマインドは怒りから呼吸へと移動する。身体は怒りの状態になく、マインドはその集中力を別のものに移動させている。すると、怒ることはむずかしい。だから、日本人は世界でもっとも抑制のきいた人々なのだ。それは、まさに子供時代からの訓練だ。

このような現象を他の土地で見つけるのは難しい。だが日本では、今日においてすら、それが起こっている。日本はますます日本的でなくなっているから、そうしたことはどんどん減ってはきている。日本はますます西洋化され、伝統的な手法や作法は失われつつある。だが、それは起こっていたし、今日でもまだ起こっている。

私の友人の一人が京都にいた。彼は私に手紙を書いてきた。「今日、すばらしい光景を目にしたのでお伝えします。そして帰国したら、どうしてそんなことが可能なのかお教えください。一人の男が車に当てられました。しかし彼は倒れてから立ち上がると、運転手に礼を言って立ち去りました――運転手に礼を言ったんですよ！」

日本では、それは難しいことではない。彼は何回か深呼吸をしたに違いない。だから、そうしたことが可能だったのだ。あなたの態度は別なものに変容され、あなたを殺そうとする人にさえ、あるいはあなたを殺そうとした人に対してさえも感謝できる。

生理的なプロセスと心理的なプロセスは、別物ではない。それらはひとつであり、どちらの極から始めても、他方に影響を及ぼし、変化させることができる。

◆人間を全体として治療する

より良い世界では、身体を治療する職業に従事する人は、それぞれ瞑想するだろう。身体が患っているとき、その裏には何かがあるはずだ。なぜなら、すべては交錯しているからだ。だから、身体を治療するだけでは治らない——その人の全体を治療しないといけない。だが、その全体を覗き込むには、自分の全体を覗き込む必要がある。

医者はみな瞑想者であるべきだ。さもなければ、真の医者になることはないだろう。学位を持ち、医者を開業する免許を持っているかもしれないが、私から見ればやぶ医者だ。なぜなら、彼は全体としての人間を知らないため、症状しか治療しないからだ。

ある人には、偏頭痛や頭痛といった特定の症状がある——あなたはそれを治療できる。だが、そもそもなぜその人が偏頭痛になるかについて、内側を深く見つめることはないだろう。ある女性は重荷を背負いすぎ、心労が重なり、気落ちしているのかもしれない。彼女は内側であまりにも萎縮しているから、それが痛みをもたらすのかもしれない。ある男性は考え過ぎて、マインドをまったくリラックスさせられないのだろう。そこで症状を治療し、毒や薬によって症状を退治することは可能だ。だが、それは別の場所に現れるだろう。なぜなら、根本的な原因はまったく手付かずのままだからだ。

治療すべきは症状ではなく、治療すべきは人間だ。そして、人間というものは有機的かつ全体的だ。疾患は足かもしれないが、根本的な原因は頭かもしれない。根本的な原因は頭にあるが、疾患は足にあるかもしれない。なぜなら、人間というものはひとつだからだ……完全につながっている！　人間の内部では、何ひとつ分断されていない。また、身体はそれ自身の中でつながっているだけでなく、身体はマインドともつながっている。そして、身体とマインド —— ソーマとプシュケの両方は、超越した魂につながっている。

第２章

生への否定的な条件付けを読み解く

Decoding Life-Negative Conditioning

あなたの唯一の義務は、幸せになることだ。幸せになることを信条としなさい。幸せでないとしたら、あなたのしていることはすべて、どこか間違っていて根本的な変革が必要だ。幸福を選びなさい。

私は快楽主義者だ。そして、幸福こそ人間が手にすべき唯一の基準だ。

だから、何かをするときは、常に起こることを見つめていなさい。家にいるようにやすらいで、心穏やかで、くつろいでいるなら、それは正しい。これが基準だ —— それ以外のものは基準ではない。あなたにとって正しいことが、他人にとっては正しくないかもしれない。そのことも覚えておきなさい。なぜなら、あなたにとって簡単なことが、他人にとっては簡単でないかもしれないからだ。その人にとっては、別のことが簡単かもしれない。だから、それに関する普遍的な法則はあり得ない。それぞれが自分で理解するといい。あなたにとっては何が簡単だろう？

◆なぜ私たちは不幸を選んでしまうのか

これは、人間のもっとも複雑な問題のひとつだ。深く考察する必要がある。しかも、それは机上の問題ではない —— あなたに関わる問題だ。常に間違った道を選び、常に悲しみ、落胆し、苦しむことを選んでしまう —— これがすべての人の行動様式だ。それには深い理由があるに違いない。そして確かにある。

第一に、育てられ方が明らかに影響を及ぼしている。不幸だと、あなたはそこから何かを得る —— 必ず得る。幸福だと必ず失う。

ごく初期の頃から、鋭敏な子供は区別を感じ取る。悲しげなときは、いつも皆が同情してくれ、子供は同情を得る。誰もがやさしくしてくれ、彼は愛を得る。そしてさらにすばらしいことに、悲しげなときはいつも皆が親切にしてくれ、注目される。注目は、エゴにとって食べ物のような働きをする。実に酒のような刺激物だ。それはエネルギーを与えてくれ、自分がひとかどの人物になったような気分にさせる。だから人は、注目されることに大きな欲求、大きな欲望を抱くのだ。

誰もがあなたを見ていれば、あなたは重要になる。誰もあなたを見ていなかったら、あなたはまるで自分がそこにいないかのように、もはや自分は消え、存在しない者であるかのように感じる。人々があなたを見てくれていること、気づかってくれていることが、あなたにエネルギーを与える。

エゴは関係性の中で存在する。人々があなたに注意を向ければ向けるほど、あなたはさらにエゴを得る。誰もあなたを見なかったら、エゴは消滅する。もし皆があなたのことを完全に忘れてしまったとしたら、どうしてエゴが存在できるだろう？　どうやって自分の存在を感じられるだろう？　だから結社や、団体や、クラブが必要なのだ。クラブは全世界にある――ロータリー、ライオン、フリーメイソンの支部――クラブや結社は無数にある。これらの結社やクラブが存在するのは、他の方法では注目を得られない人々に、注目を与えるために他ならない。

ごく初期の頃から、子供は政治を学ぶ。その政治とは、惨めに見えれば同情を受け、誰もが親切にしてくれるというものだ。具合が悪そうだと、あなたは重要になる。病気の子供は横暴になる。家族全員が彼に従わなければならない――彼の言うことが、すべてルールだ。

彼が幸せなとき、耳を傾ける人は誰もいない。彼が健康なときは、誰も彼のことを気づかわない。彼がご機嫌なとき、注意を向ける者は一人もいない。ごく初期の頃から、私たちは苦悩や、悲しみや、悲観や、生の暗い側面を選び取り始める。それがひとつの現実だ。

第二点は、こんなことに関わっている――あなたが幸せで、喜びに満ち、歓喜と至福を感じていると、必ず誰もがあなたに嫉妬する。嫉妬とは、誰もが敵意を抱き、親しげな人は一人もいないということだ。そのとき、全員が敵だ。そこであなたは、皆が自分に敵対しないよう、あまり歓喜にあふれずにいることを身につけてきた――至福を見せぬように、笑わぬように。

笑っているときの人々を見てごらん。実に計算して笑っている。それは腹の底からの笑いではないし、まさに実存の深みからやって来る笑いではない。彼らはまずあなたを見て、そして判断する……それから笑う。彼らは一定の範囲内で笑う――あなたが許容する範囲、場違いだと受け取られない範囲、誰も嫉妬しない範囲で。

微笑ですら政治的だ。笑いは消えてしまった。至福は完全に知られぬところのものとなった。歓喜にいたっては、ほとんど不可能だ。なぜなら、それは許されないものだからだ。あなたが苦悩していたら、誰もあなたのことを気違いだとは思わない。あなたが歓喜にあふれ、踊っていたら、誰もがあなたのことを気違いだと思うだろう。ダンスは追いやられ、歌うことは許されない。至福に満ちた人 —— そんな人を見たら、私たちは何かが間違っていると思う。

これは何という社会だろう？　苦悩していれば、万事申し分ない —— 社会全体が苦悩しているから、その人は適応している。彼は一員であり、私たちに属しているというわけだ。誰かが歓喜にあふれると、私たちは彼のことを、手に負えなくなった、気が狂ったと考える。彼は私たちには属していない —— そして、私たちは嫉妬をおぼえる。

嫉妬ゆえに、私たちは彼を非難する。嫉妬ゆえに、何とか彼を以前の状態に戻そうとする。私たちは、以前の状態を正常と呼ぶ。精神分析医や精神病医は、人を正常な苦悩の状態にするのを助ける。

社会は歓喜を容認できない。歓喜はもっとも威力のある革命だ。私は繰り返す —— 歓喜はもっとも威力のある革命だ。人々が歓喜にあふれるなら、社会全体は変わらねばならないだろう。この社会は、苦悩に基づいているのだから。

人々が至福に満ちていたら、彼らを戦争へ —— ベトナムへ、エジプトへ、イスラエルへと連れて行くことはできない。それは無理だ。至福に満ちた人は、ただ笑って言うだろう —— そんなものはナンセンスだ！

至福に満ちている人々を、金の亡者《もうじゃ》にすることはできない。彼らは金を貯めることだけに一生を費やしたりしないだろう。死んでいる金と生を交換し、金を貯めて死ぬ —— そうして生涯を台なしにするなんて、彼らにしてみれば狂気の沙汰に思える。死ぬとき、金はそこにあるだろう。これはまったく狂気の沙汰だ！　しかし、あなたが歓喜にあふれぬうちは、この狂気の沙汰は理解できない。

人々が歓喜にあふれているなら、この社会のパターン全体を変えなければならない。この社会は苦悩の上に存在している。この社会にとって、苦悩はもっとも大きな投資の対象だ。だから、私たちは子供を育てるが……ごく初期の頃から苦悩を習得するよう仕向けている。だから、子供たちは常に苦悩を選ぶのだ。

朝、すべての人にひとつの選択肢がある。朝だけでなくあらゆる瞬間に、苦悩するか幸せでいるかの選択肢がある。あなたはいつも苦しむ方を選ぶ。なぜなら、それは投資だからだ。あなたはいつも苦しむ方を選ぶ。なぜならそれが習慣であり、パターンだからだ。あなたは常にそうしてきた。そうすることに長《た》けている。それは轍《わだち》となってしまった。選ばなければならない瞬間、マインドはすぐさま苦悩へと流れる。

苦悩は下り坂で、歓喜は上り坂のように見える。歓喜は、非常に到達しがたいもののように見える —— だが、そんなことはない。真実はまったく逆 —— 歓喜は下り坂で、苦悩は上り坂だ。苦悩は非常に達成しがたいものだが、あなたは達成してしまう。あなたは、不可能なことを成し遂げる —— なぜなら、苦悩は自然に反しているからだ。誰もが苦しみたくないのに、誰もが苦しんでいる。

社会はたいそうな仕事をやってきた。教育、文化、文化団体、両親、教師 —— 彼らはたいそうな仕事をやってきた。彼らは歓喜にあふれた創造者から、苦悩に満ちた生き物をつくってきた。子供は皆、歓喜にあふれて生まれる。どの子供も、一人の神として生まれる。そして誰もが狂人として死ぬ。

これが、あなたがたの課題《ワーク》の全容だ —— いかに子供時代を再び手にするか、いかにそれを取り戻すか。再び子供になれるなら、そのとき苦悩はない。子供には苦悩の瞬間がないという意味ではない —— 苦悩はある。だが、それでも苦悩はない。この点を努めて理解しなさい。

子供は苦しむこともあるし、悲しむこともある。ある瞬間、深く悲しむが、その悲しみにとても全一《トータル》で、その悲しみとひとつだから分裂がない。悲しみから分離している子供はいない。子供は、悲しみを自分とは別個なもの、分離されたものとしては見ない。子供は悲しんでいる —— その中に深く巻き込まれている。そして、悲しみとひとつになるとき、悲しみは悲しみではない。悲しみとひとつになるなら、それは独自の美しささえ備えている。

だから、子供を見てごらん —— 穢れのない子供を。子供が怒っているとき、彼の全エネルギーは怒りになる。何ひとつ残されるものはなく、何ひとつ出し惜しみされるものはない。子供は衝動にかられて怒った —— 怒りを操作し、制御している者はいない。無心だ。子供は怒りになった —— 怒っているのではなく、怒りになった。その美しさを見なさい、怒りの開花を。子供は決して醜くは見えない。怒りの中でも子供は美しく見える。より強烈に、よりエネルギッシュに、より生き生きと見える —— 火山は今にも噴火しそうだ。こんな小さな子供だが、実に強大なエネルギーを持ち、まさに原子力に匹敵するような存在だ——全宇宙が吹き飛ぶほどだ。

そしてこの怒りのあと、子供は沈黙するだろう。この怒りのあと、子供は深いやすらぎに満ちるだろう。この怒りのあと、子供はリラックスするだろう。私たちは、怒りの中にいるのはとても苦しいことだろうと考えるかもしれない。しかし、子供は苦しんだりしない――子供はそれを楽しんだ。

何かとひとつになるなら、あなたは至福に満ちる。何かから自分を分離させると、たとえそれが幸福であったとしても、あなたは苦しむ。

だから、これが鍵だ。エゴとして分離していることは、あらゆる苦悩の土台だ。生がもたらすすべてとひとつになり、それと共に流れる。その中に強烈に全一に没頭するあまり、もはや自分がなくなり、失われてしまっているなら、すべては至福に満ちている。

選択肢はそこにあるが、あなたは選択肢に気づきもしなかった。ずっと間違ったものを選択し続け、それが習慣として染み付いてしまったため、あなたはただ自動的にそれを選んでしまう。選択の余地はない。

注意することだ。自分が苦しむ方を選んでいるたびに思い出しなさい――これが自分の選択だと。こうした心がけさえも助けになる。これが自分の選択だ、責任は自分にある、そしてこれは自分が自分に対して行なっていることだ、これは自分の行為だという留意。すぐに、あなたは違いを感じるだろう。マインドの質が変わってしまうだろう。幸せへと向かう方が簡単になるだろう。

ひとたび、これは自分の選択だと理解したら、すべてはゲームになる。苦しむのが好きなら、苦しむといい。ただし、それが自分の選択であることを覚えておきなさい。そして不平を言ってはいけない。他人のせいではない。これはあなたのドラマだ。こんな感じを好むなら、苦しむ道を好むなら、苦悩の中で人生を送ることを望むなら、それはあなたの選択であり、あなたのゲームだ。あなたはそれを演じている。うまく演じるといい！

苦しまない方法を、人に尋ねに行ってはいけない。それは馬鹿げている。幸せになる方法を、師《マスター》や導師《グル》に尋ねに行ってはいけない。えせグルが存在するのは、あなたが愚かだからだ。あなたは苦悩を生み出し、それを生み出さない方法を人に尋ねに行く。そして、苦悩を生み出し続ける。それは、自分の行ないに注意を払っていないからだ。まさにこの瞬間から試みなさい。幸せになること、至福に満ちることを試みなさい。

◆二つの生き方

生き方、在り方、知り方には、二通りある——ひとつは努力、意志、エゴによるもの。もうひとつは無努力、無抵抗、存在へのゆだね《レット・ゴー》によるものだ。

世界の宗教はすべて最初の方法、すなわち闘うことを教えてきた——自然と闘い、世界と闘い、自分自身の身体と闘い、マインドと闘う。そうしてはじめて、あなたは真実なるもの、究極なるもの、永遠なるものを成就できる。しかし、この力への志向、このエゴの道、この闘いや争いが完全に失敗だったことは、充分証明されている。何百万年もの間、生の究極の体験を成就した者はほとんどいない。あまりに少ないため、彼らは例外にすぎず、成就の法則を実証するものではない。

私は、二番目の方法を教える —— 存在の流れに逆らうのではなく、それと共に進むのだ。それは、あなたの敵ではない。河と闘って上流へ進もうとする人もいるが、すぐに疲れてしまい、どこにも辿り着かないだろう。河は広大で、彼はちっぽけな部分だ。

この広大な存在の中で、あなたは原子よりも小さい。どうして全体を相手に闘うことができるだろう？　そうした考え自体、聡明さを欠いている。しかも、あなたは全体によってつくられた。どうして、それがあなたの敵になるだろう？　自然はあなたの母親だ —— あなたと敵対などできない。身体はまさにあなたの命であり、あなたと対立することはあり得ない。あなたは絶えず身体と闘っているにもかかわらず、身体はあなたに仕えている。あなたが起きているときもあなたに仕え、あなたが寝ているときでさえあなたに仕えている。呼吸を続けているのは誰だろう？　あなたはぐっすり眠り、いびきをかいている。あなたの身体には、独自の英知がある。身体は呼吸を続け、心臓は鼓動を続け、あなたなしでも身体は機能し続ける。むしろ、あなたがいないときの方が、より良く機能する。あなたの存在は常に障害だ。それは身体に逆らえと教えてきた人によって、あなたのマインドが条件づけられているためだ。

私はあなたに、存在と友達になりなさいと教える。私は、あなたが世間を放棄することを望まない。なぜなら、世間はあなたのものであり、私たちのものだからだ。存在するものは、何ひとつあなたと対立していない。必要なのは、生きる術《アート》を学ぶことだ——放棄のアートではなく、歓喜のアートを。

要点は、アートを学ぶということに他ならない。すると、あなたは毒を甘露《ネクター》に変えることができる。

さまざまな薬には、毒という言葉が記されているが、科学の専門家の手にかかると、毒は薬となる。それは、あなたを殺すのではなく救ってくれる。

自分の身体や自然や世間が、どこか自分と対立していると気づいたら、ひとつ思い出しなさい —— それは自分の無知に違いない、それは何か間違った態度に違いないと。あなたは、生きる術《アート》を知らないに違いない。あなたは、存在が自分に対立することなどあり得ないということに気づいていない。あなたはそこから生まれ、その中で生き、それはすべてをあなたに与えてきた。なのに、あなたは感謝すらしていない。逆に、あらゆる宗教はそれを非難せよと、まさに始まりからあなたに教えてきた。

生を非難することを説く宗教は有毒だ。それは生に否定的だ —— それは死の僕《しもべ》であり、あなたの僕でも、存在の僕でもない。しかし、なぜそのような問題が生まれるのだろうか？

こうした宗教は自然に逆らっていた。彼らは、こちらの世界に背を向けなければ、もうひとつの世界、より高次の世界は決して成就できないという論理をつくり上げた。なぜだろう？　こちらの世界と、あちらの世界の間に、なぜそんな区別をつくったのか？　それには理由がある。

この世界が放棄されることなく、全一に生きられるなら、聖職者はお払い箱だ。この世界と闘い、この世界を放棄すべきなら、あなたは自然の本能を抑圧しなければならない。すると当然、あなたは病んだ状態になる。自然に逆らえば、決して健康にも、ひとつのまとまりにもなれない。あなたは常に分割され、精神分裂症的になるだろう。当然ながら、あなたは導き助けてくれる人を求める――聖職者を必要とする。

罪の意識があるとき、あなたは自然と教会やモスクやシナゴークへ足を運ぶ――あなたは聖職者や牧師やラビに助けを求める。あなたは深い闇の中にいるからだ――その闇がつくられたのは彼らのせいなのだが、あなたはあまりにも無力なため、庇護してくれる人、手助けしてくれる人、光を示してくれる人を必要とする。あなたは懸命に求めるあまり、聖職者があなたよりも物事をよく弁《わきま》えているかどうか、あるいは彼がただの雇い人であるかどうかなど、考えてもみない。

あなたの問題は基本的に、自分のいる場所で、自分自身の内側を見ることだ。そして、もしあなたが苦しみ、悩み、心配し、苦悩しているとしたら、何かが人生に欠けていると思うのなら、もし満たされていないとしたら、どこにも何の意味も見出せなくて、ただ死に向かってだらだら進んでいるとしたら……。闇はますます濃くなり、死は日毎に近づいて来る――今は深遠な神学的問題について語り始めるときだろうか？　今はあなたの在り方を変えるときだ。あなたには時間があまりない。

あらゆる宗教が説いてきた手法は、闘う手法だ――それらは、どこにも導かない。生の歓びを損なうばかりだ。この生における楽しいことすべてに毒を注ぐ。それらは、悲しげな人類を生み出してきた。私は愛にあふれ、歌にあふれ、ダンスにあふれる人類を望む。

だから、私の手法は第二の手法であることを、よく理解してほしい。第二の手法とは、流れに逆らって上流へ向かってはいけないということ —— それは愚かだ。闘うことはできない。なぜなら、自然の流れはあまりにも大きく、あまりにも強いのだから。最良の方法は、死体から学ぶといい。死んでいる人々は、生きている人々が知らない秘密をいくつか知っている。

泳ぎ方を知らないと、生きている人は溺れる。これは奇妙なことだ。なぜなら、死んでしまうと再び水面に浮き上がってくるからだ。生きていたときは下降し、死ぬと上昇する。確かに、死人は生きている人間が知らないことを知っている。何が起こったのだろう？　なぜ川と海は、死人に異なる作用をするのか？　死人は完全なゆだね《レット・ゴー》の状態にある。泳いですらいない。死人は何もしていない。

もっとも優れた泳ぎ手は、ただ浮かんでいる。死体のような究極の泳ぎ手は、ただ流れと共に進む。川が導くところへ、どこへでも進む——川は常に海へと注ぐ。どの川も海に注ぐ。だから、自分が聖なる川にいるかどうか、心配する必要はない。神聖であってもなくても、すべての川はやがて海に辿り着くことになっている。あなたはただ、川と共に浮遊し続ける。そして、私はこれを信頼と呼ぶ —— それがどこへ導こうとも、それは正しい道に導いてくれるし、正しい目的地に導いてくれると存在を信頼すること。存在は、あなたの敵ではない。自然を信頼しなさい —— それがどこへあなたを連れていこうと、そこには我が家《ホーム》があると。

全人類が、闘うことではなくリラックスすることを学んだら、困難な努力よりもゆだねる《レット・ゴー》ことを学んだら、意識の質は大きく変化するだろう。リラックスした人々は、川の流れと共にただ静かに進む。自分自身の目的地を持たず、エゴを持たずに。
そのようにくつろいで浮かんでいたら、エゴは持てない。エゴは努力を要する —— あなたは何かをしないといけない。エゴは行為者だ。浮くことで、あなたは無為の人になる。この無為の中であなたは驚くだろう。いかに心配事や苦悩が次第に薄れていくか、そしていかに存在が与えてくれるものに満たされていくかに。
スーフィーの神秘家の話をしよう。

彼は旅をしていた。彼は毎晩のように存在に感謝していた ——「あなたはとても多くのものを与えて下さったのに、私はそれに報いることができませんでした。この先も報いることはできないでしょう」。彼の弟子は少しばかり反感を抱いた。なぜなら、生はときに困難を伴ったからだ。
スーフィーの神秘家は、反逆的な人物だった。今回は3日間、食べ物にありつけなかった。というのも、彼らが正統派のイスラム教徒でないという理由で、通りかかった村々は、どこも彼らを拒んだからだ。彼らは、スーフィーの革新的なグループの一員だった。人々は彼らに、一夜ですら宿を提供しようとしなかった。そこで、彼らは砂漠で眠った。腹は空き、喉も渇いて早や3日が過ぎた。夜の祈りのとき、神秘家はまたしても存在に言った。「私はとても感謝しています。あなたはとても多くのことをして下さったのに、私たちはまったくお返しすることもできないのです」
弟子の一人が言った。「ひどすぎますよ。もう3日です。存在が私たちのために何をしてくれたか、お聞かせ願いたいものですね。あなたは存在に何を感謝しているのです？」

老人は笑った。彼は言った、「存在が私たちのために何をしてくれたか、おまえはまだ気づいていないのかね。この3日間は、私にとって実に意義深かった。腹は空き、喉は渇き、宿もなかった。私たちは拒まれ、非難された。石も投げつけられたが、私は自分の内側を見つめていた —— 怒りは生じなかった。私は存在に感謝している。その贈り物は計り知れない。それらに報いることは決してできない。3日間の餓え、3日間の渇き、3日間の不眠、石を投げる人々……それでも私は、敵意も怒りも憎しみも失意も抱かなかった。それは、あなたの慈悲に違いない、存在が私を支えて下さっているに違いない」

「この3日間で、実にさまざまなことが明らかになった。もし食事が与えられ、もてなしを受け、宿をあてがわれ、石を投げられなかったとしたら、それは明らかにならなかっただろう —— なのにおまえは、私が何を存在に感謝しているのかと尋ねる。たとえ自分が死につつあるときでも、私は存在に感謝するだろう。なぜなら私は知っているからだ —— たとえ死においても、生においてそうだったように、存在は私に神秘を明かすだろうと。死は終わりではなく、まさに生のクライマックスなのだから」

存在と共に流れることを学びなさい。そうすれば罪悪感も精神的な痛手もないだろう。自分の身体、自然、そして何ものとも闘ってはならない。するとあなたは、やすらぎ、くつろぎ、穏やかになり、落ちつくだろう。

これは、あなたがより注意深くなり、より気づき、より意識的になることを助ける。それは最終的に究極の覚醒――解脱という大海へと続く。

◆身体はあなたの友人

あらゆる宗教が、自然と闘えとあなたに教えてきた。自然なものはすべて非難される。

あらゆる宗教は言う――何か不自然なことをしなさい、そのときはじめて生物的、生理的、心理的な囚われ、すなわちあなたを取り巻くあらゆる壁から抜け出せる。だが、自分の身体やマインドやハートと調和するなら、自己を越えることはできない――そのように宗教は言う。それこそ、私があらゆる宗教に反対する点だ。宗教はあなたの実存に有害な種を蒔いた。そのせいで、あなたは身体の中で生きながら、自分の身体を愛していない。

身体は70年、80年、90年、100年でもあなたに仕える。科学は、身体に匹敵するような別のメカニズムを発明できていない。その複雑さ、それがあなたのために行ない続けている奇跡……でも、あなたは礼すら言わない。あなたは身体を敵として扱うが、身体はあなたの友人なのだ。

それは、あなたが目覚めている間も、眠っている間も、ありとあらゆる方法であなたを世話している。眠っているときに蜘蛛が脚を這い始めると、脚はあなたを邪魔せずに蜘蛛を放り出す。脚には独自の小さな脳がある。だから、些細なことなら中枢システムまで行く必要はない――脳まで行く必要はない。その程度のことなら、脚は独自に行なえる。蚊に刺されていたら、あなたの手は蚊を払ったり、殺したりする。

しかも、あなたの眠りは妨げられない。つまり、身体はあなたが眠っている間もあなたを守り、たいていあなたも気づかないことを行なっている。手には脳などないと思われているが、手には確かに、ごく小さな脳としか呼ばざるを得ないものがある。おそらく、あなたの身体の各細胞には、小さな脳があるのだろう。そして、あなたの身体には無数の細胞があり、無数の小さな脳がせっせと働いて、絶えず世話をしている。

あなたは飲み込んだらどうなるかなど気にかけないで、あらゆる種類のものを食べ続ける。自分が食べているものを、身体のメカニズムや化学反応が消化できるかどうか、身体に尋ねることもない。だが、あなたの内側の化学反応は、ほぼ100年間にわたって何とか働き続ける。傷ついた箇所に取って替わる、自動的なシステムがあるのだ。それは損傷のある箇所を取り除き、新しいものをつくり続ける。あなたは何もしなくていい。それは自ずと起こる。身体には、何らかの独自の英知がある。

宗教はあなたに語り続ける、「常に闘い、流れに逆らって進みなさい。身体に耳を傾けてはならない —— 身体が何を言おうと、正反対のことをするがいい」。ジャイナ教は語る、「身体が飢えている —— 飢えさせるがいい。身体を飢えさせなさい。身体は、そのように扱われる必要がある」。身体はあなたから何の賃金も受けず、無給で、便宜も計らわれず、ひたすらあなたに仕えている。なのに、ジャイナ教は身体に逆らえと説く。身体が眠りたくなると、ジャイナ教は目覚めたままでいるように努めよと説く。

こうしたことは、確実にあなたに強いエゴの力を与える。身体が食べ物を求めると、あなたはノーと言う。「ノー」は身体に対して強い力を持つ。あなたが主人《マスター》だ。あなたは身体を奴隷に貶《おとし》めている――奴隷にするばかりか、身体に口を閉ざすよう強制している――「私が決めたことは、何であれ実行されるだろう。おまえは邪魔できないぞ」

自分の身体と闘ってはいけない。身体は、あなたの敵ではなくて友人だ。自然からあなたへの贈り物なのだ。身体は自然の一部だ。それは、ありとあらゆる形で自然とつながっている。あなたは風とつながり、日の光とつながり、花々の芳香や月の光とつながっている。あなたはすべてとつながっている――切り離された小島ではない。そんな考えは捨てなさい。あなたはこの全大陸の一部だが、それはあなたに個別性をも授けている。これこそ、私が奇跡と呼ぶものだ。

あなたは存在の一部、一区画だが、個別性をも有している。存在は奇跡を行なっており、不可能なことを可能にしている。

自分の身体と調和しているなら、あなたは自然や存在とも調和しているだろう。だから流れに逆らうのではなく、流れと共に進みなさい。ゆだねていなさい。生をあるがままに起こらしめなさい。何事も強いてはならない――たとえ聖なる書物のためであっても、たとえ聖なる理想のためだとしても。決して、あなたの調和を乱してはならない。

調和を保っていること、全体と合致していることよりも価値あることはない。

生を敬い、生を尊びなさい。生より神聖なものはないし、生より神々しいものはない。そして、生はたいそうな物事からできているわけではない。宗教界の愚か者たちは、「大きなことをしなさい」とあなたに言ってきた。だが、生は小さな物事からできている。彼らの策略は明らかだ。彼らはあなたに言う、「大きなことをしなさい。何か偉大なこと、後世に名前が記憶されるようなことをしなさい」。こうしたことは、当然ながらエゴにとっては魅力的だ。エゴは聖職者たちの手先だ。すべての教会やシナゴークや寺院には、一人の手先がいる。すなわちエゴだ。彼らは他の手先は使わない、他には誰もいない。唯一の手先、それがエゴだ —— 何か偉大なこと、何か大きなことをせよという。

私はあなたに言いたい —— 大きなことや、偉大なことなど何ひとつないと。生はとても小さな物事からできている。だから、いわゆる大きなことに興味を抱くなら、あなたは生を取り逃がすだろう。

一杯のお茶をゆっくり飲み、友人と雑談し、朝の散歩に出かけ —— でも特別どこに行こうというのではなく、目的も終わりも引き返す地点もない、ただの散歩に出かけ、愛する人のために食事を作り、自分のために食事を作る —— というのも、あなたは自分の身体のことも愛しているからだ —— 服を洗濯し、床を掃除し、庭に水遣りをする。生は、こうした小さな物事、とても小さな物事からできている。

見知らぬ人に挨拶するのは、まったく必要のないことだ。見知らぬ人とは、何の関係もないのだから。だが、見知らぬ人に挨拶できる人は、花にも挨拶ができ、樹にも挨拶ができ、鳥たちに歌いかけることができる。鳥たちは日々歌っているが、あなたは彼らにまったく気を留めたことがない。しかし、いつの日か呼びかけに答えるべきだ。ほんの小さなこと、とても小さなこと……。
生を敬いなさい。その敬意の産物として、あなたは他のものたちの生命を敬い始めるだろう。

◆「ねばならない」という幻影

私たちの教育全体――家庭、社会、学校、専修学校、大学での教育は、私たちの中に緊張をつくり出している。そして、その根本的な緊張は、あなたが為さねばならないことをしていない、という点にある。
これは、生涯あなたにつきまとう。白昼夢のようにあなたについてきて、あなたを悩ませ続ける。決してあなたを休ませてくれず、決してくつろぐことを許さない。あなたがくつろぐと、それは「何をしてるんだ？　くつろいでいてはいけない。何かしているべきだ」と言う。あなたが何かをしていると、それは「何をしてるんだ？　絶対に少し休まないといけない。さもないと、気が狂ってしまうぞ――おまえはすでに瀬戸際にいる」と言う。
あなたが良い行ないをしていると、それは「おまえはバカだな。善行なんて割に合わないぞ。人々はおまえを騙すだろう」と言う。悪い行ないをしていると、それは「何をしてるんだ？　おまえは地獄行きの準備をしている。苦しむことになるぞ」と言う。それは、決してあなたを休息させてくれない。あなたが何をしても、それはそこにいて、あなたを非難している。
この非難する者は、あなたの中に住みついている。これは人類に降りかかった、最大の不幸だ。私たちの内側にいる、この非難する者を排除しないかぎり、私たちは真に人間にはなれないし、真に楽しむこともできず、生の本領である祝祭に加わることもできない。

そして今のところ、自分以外は誰もそれを落せない。これは、あなただけの問題ではない。ほとんど人類すべての問題だ。どの国に生まれようと、どの宗教に属していようと関係ない——カトリック、共産主義、ヒンドゥ教、イスラム教、ジャイナ教、仏教、あなたがどんなイデオロギーに属していようと関係なく、根本は同じだ。その根本的なものは、あなたに分裂をつくり出そうとする。そのため、ある部分は常に別の部分を非難する。第一の部分に従うと、第二の部分があなたを非難し始める。あなたは内なる葛藤、内戦の中にいる。

この内戦を落すことだ。さもないと、生の美しさや祝福をすべて取り逃がすだろう。決して心ゆくまで笑うこともできず、愛することもできず、何に対しても全一《トータル》でいられないだろう。そして全一であってはじめて、人は花開き、春は訪れ、あなたの生は色彩と音楽と詩を帯び始める。

全一であってはじめて、突如として神の臨在が自分のまわりに感じられる。しかし皮肉なことに、その分裂はえせ聖者、聖職者、教会によってつくり出されてきたものなのだ。実のところ聖職者こそ、この世でもっとも大きな神の敵だ。

私たちは、聖職者をすべて排除しなければならない。彼らこそ、人類の病理の根本的な原因だ。彼らは、あらゆる人を不安にさせてきた。神経症という伝染病を引き起こしてきた。そして神経症はあまりに蔓延しているから、私たちはそれを当たり前だと思っている。人生なんてこんなものだ、これが人生というものだと思っている —— 苦悩、延々と続く苦悩、痛みに満ち、苦悶させる存在、空騒ぎの自叙伝。

人生とでも呼べそうなものを眺めれば、そのように見える。なぜなら、そこには一輪の花もなく、ハートにはひとつの歌もなく、一条の神聖な光もないからだ。

全世界の知性的な人々が人生の意味を問うているのも、驚くことではない。「なぜ我々は生きてゆかねばならないのか？　なぜ生きてゆくことに臆病なのか？　なぜ少しばかりの勇気を奮い起こし、この馬鹿げたことをすべて止められないのか？　なぜ自殺できないのか？」

世界でこれほど多くの人々が、人生は完全に無意味だと思っていることは、いまだかつてなかった。なぜ、この時代にこんなことが起こったのだろう？　第一に、それはこの時代とは無関係だ。何世紀もの間、少なくとも5千年にわたって、聖職者たちが害を及ぼしてきたのだ。今、私たちは決定的な危機に瀕している。

それは私たちの仕業ではない。私たちは被害者だ。私たちは歴史の被害者なのだ。もう少し意識的になりたいと望むなら、まず歴史書をすべて焼くことだ。過去は忘れなさい —— それは悪夢のようだった。もう一度、ＡＢＣから始めなさい —— アダムが再び生まれたかのように。自分たちが再びエデンの園にいるかのように始めなさい —— 無邪気で、穢れなく……。

ある男が、いい教会を探していたところ、信者たちが牧師と唱和している小さな教会が見つかった。彼らは言っていた、

「私たちは為すべきだったことをしていません。そして、為すべきではなかったことをしてしまいました」

男は崩れるように椅子に腰をおろし、安堵のため息をついて独り言をつぶやいた、「ありがたい、少なくとも仲間を見つけたってわけだ」

あなたの本性が望むことをしなさい。本来あなたに備わっている質が切望することをしなさい。教典の言うことを聞いてはいけない、自分のハートに耳を傾けなさい。それが私の定める唯一の教典だ。そう、ごく注意深く、意識的に耳を傾けなさい。そうすれば、決して間違えることはない。自分のハートに耳を傾けるなら、あなたは決して分割されない。自分のハートに耳を傾けると、何が正しく何が間違っているか、まったく考えなくても正しい方向の中にいるだろう。

だから、新しい人類のための術《アート》のすべては、意識的に、鋭敏に、注意深くハートに耳を傾けるという秘訣に基づく。どんな手段によってもそれに従い、それが導く所にはどこにでも行きなさい。そう、ときにそれはあなたを危険へといざなう——でも、そのときは思い出しなさい、そうした危険は、自分が成熟するために必要なのだと。また、ときにそれはあなたを迷わせる——でも、再び思い出しなさい、道に迷うことも成長の一部だと。あなたは何度も転ぶだろう。また立ち上がりなさい——転んでは再び立ち上がることによって、人は力をつけるのだから。このようにして人は統合されていく。

だが、外側から強制された規則に従ってはいけない。強制された規則に正しいものはあり得ない。なぜなら規則は、あなたを支配したい人々が捏造するものだからだ。そう、ときおり光明を得た偉大な人たちも世の中にいた——仏陀、イエス、クリシュナ、モハメッド。彼らが世界に規則を与えたことはない、彼らは愛を与えた。だが、やがて弟子たちが集まり、行動規範を記し始める。ひとたび師《マスター》がいなくなり、ひとたび光が消えて深い闇に包まれると、人々は従うべき特定の規則を求め始める。なぜなら、見えていた光が、もはやそこにはないからだ。今や彼らは、規則に依存せざるを得ない。

イエスの行なったことは、彼自身のハートのささやきだったが、キリスト教徒たちが行ない続けていることは、彼ら自身のハートのささやきではない。彼らは模倣者だ——そして模倣した瞬間、あなたは自らの人間性を侮辱し、あなたの神を侮辱する。

決して模倣者であってはならない、常に自分自身《オリジナル》でありなさい。写《コピー》しになってはいけない。しかし、それが全世界で起こっていることだ。コピー、そしてさらに多くのコピー……。

自分自身であるなら、生はまさにダンスだ——そして、あなたは自分自身であるように生まれついている。また、二人として同じ人間はいない。だから私の生き方は、あなたの生き方には決してなり得ない。

師《マスター》の精神を吸収し、沈黙を吸収し、彼の優美さを学びなさい。彼の実存から、できるだけ多くのものを吸収しなさい。だが、彼を模倣してはいけない。彼の精神を吸収し、彼の愛を飲み干し、彼の慈悲を受け取っていると、あなたは自分のハートのささやきを聞き取れるようになるだろう。そして、それらはささやいている。ハートはとてもひっそりと、小声で話す。叫んだりはしない。

教わってきたことは、すべて忘れなさい——「これは正しい、これは間違っている」。生はそんなに固定的ではない。今日は正しいことが、明日には誤っているかもしれない。この瞬間は誤っていることが、次の瞬間には正しいかもしれない。生は整理分類できない。「これは正しい、これは間違っている」と簡単にレッテルを貼ることはできない。生とは、すべての瓶にラベルが貼られ、どれが何であるかわかるような薬店ではない。生は謎だ。ある瞬間には何かが調和しており、それは正しい。別の瞬間には、おびただしい水がガンジス川を流れ下り、もはやそれは現状にそぐわず、間違っている。

私にとって正しさの定義とは何か？　存在と調和しているものは正しく、存在と不調和なものは間違っている、ということだ。あなたは、あらゆる瞬間に油断なくあらねばならない。なぜなら、それは瞬間ごとに新たに決められるべきだからだ。何が正しく何が間違っているか、既成の答に頼ることはできない。

生はとても早く流れる――生は劇的に変化するものであり、静止してはいない。生は淀んだ水溜りではなく、ガンジス川のようであり、流れ続けている。ふたつの瞬間の間、それは決して同じではない。だから、この瞬間には正しいことも、次の瞬間には正しくないかもしれない。

では、どうしたらいいか？　唯一できることは、人々に気づきを持たせることだ――変化する生に、どう対処するかを自分で決められるように。

古い禅の話がある。

ライバル同士の寺院がふたつあった。双方のマスターたち

——彼らは、えせマスターだったに違いない。本当は聖職者だったに違いない。彼らは、互いに強く反目し合っていたので、決して相手の寺院に目を向けてはならないと、弟子たちに言いきかせていた。

それぞれの聖職者には、使いや用事などをして仕える少年がいた。一方の寺院の聖職者は、召使の少年に言いきかせた、「絶対にあちらの少年に声をかけてはいかんぞ。あいつらは危険だ」

だが、少年とはそんなものだ。ある日、彼らは路上で出会い、一方の寺院の少年は、もう一人の少年に尋ねた。「どこへ行くんだい？」

もう一人は、「どこであれ、風が連れていく所さ」と答えた。「どこであれ、風が連れていく所だ」と言ったのは、彼が名高い禅の故事を寺院で耳にしていたからに違いない。生粋の道《タオ》の名言だ。

だが、一方の少年はとても不愉快に思い、気分を害した。どう答えていいのか、わからなかったからだ。少年は「マスターは、こいつらと口をきいてはいけないと言った。こいつらは本当に危険だ。さて、これはまた何という答だろう？あいつは私に恥をかかせたんだ」と思い、葛藤と怒りと罪悪感を覚えた。

彼はマスターのもとに行き、一部始終を話した。「あいつに話しかけてしまって、申し訳ありません。あなたは正しかったです。あいつらは本当に変わっています。何という返事でしょう？　私は『どこへ行くんだい？』と尋ねました——ありふれた形式的な質問です。彼が私と同じように、市場へ行こうとしているのはわかっていました。でも彼は、『どこであれ、風が連れていく所さ』と言ったんです」
マスターは言った、「注意しておいたのに、言いつけを守らなかったんだな。では、こうしよう。明日、おまえは再び同じ場所に立つ。そいつが来たら、『どこへ行くんだい？』と尋ねるのだ。するとそいつは、『どこであれ、風が連れていく所さ』と言うだろう。そうしたら、おまえも少し哲学的になる。『君に脚がないとしたら、どうする？　魂は肉体を持たないし、風は魂をどこへも連れていけない！』と言うのだ。これでどうだ？」
少年は一晩中それを何度も繰り返し、完璧に準備をした。そして翌朝、とても早くからそこに行き、例の場所に立った。すると、時間どおりにもう一人の少年が再びやって来た。少年はとても嬉しかった。今度は自分が、真の哲学とは何かを示すのだ。少年は尋ねた、「どこへ行くんだい？」。そして待った……。
だが、もう一人の少年は言った。「市場へ野菜を買いに行くのさ」

さて、彼が学んだ哲学はどう扱ったものだろう？
生とはそうしたものだ。あなたは準備できない、あなたは用意できない。それこそ生の美しさであり、不可思議さだ。それはいつも不意に現れ、思いもかけず訪れる。もしあなたに眼があるなら、すべての瞬間が驚きであり、既成の答は決して当てはまらないことがわかるだろう。
私はあなたに、生の本質的な法則を簡単に教えよう。自己に忠実であり、自らの灯火となり、その光に従うのだ。そうすれば、こうした問題は決して起こらない。そのとき、あなたが行なうことは、すべて為すべきことだ。また、あなたが行なわないことは、すべて為す必要のないことだ……。

生と関わる唯一の方法、生に遅れを取らない唯一の方法とは、罪悪感のないハート、無垢なハートを持つことだ。教わってきたこと——何をすべきで、何をすべきでないか——それらはすべて忘れなさい。あなたのために決めてくれる人は、あなた以外に誰もいない。

あなたのために決めたがる偽善者たちを避けなさい。手綱を自分自身の手に取るのだ。自分で決断すること。実のところ、まさにその決断力の中で、あなたの魂が生まれる。あなたのために他の者たちが決めているときは、あなたの魂は眠っていて鈍いままだ。自分自身で決断し始めると、鋭さが芽生える。決断するということはリスクを負うことであり、決断するということは間違えるかもしれないということだ。誰にもわからない——それがリスクというものだ。何が起こるか誰にもわからない。それがリスクだ。保証はまったくない。

古いものには保証がある。大勢の人たちが、それに従ってきた。これほど多くの人が間違うはずがない——それが保証だ。多くの人が正しいと言うのなら、それは正しいに違いない。

個人になるために必要な、あらゆるリスクを引き受け、そして挑戦を受け容れなさい——それらがあなたを研ぎ澄まし、あなたに聡明さと知性を与えることができるように。

真理とは信ずる心ではなく、透徹した知性だ。それは、あなたの生の隠れた源泉が燃え立つことであり、意識に光が当てられる体験だ。しかしそれが起こるには、ふさわしいスペースを整えなければならない。そのふさわしいスペースとは、ありのままの自分を受け容れるということだ。何ひとつ否定してはいけない。分裂してはいけない。罪悪感を抱いてはいけない。

◆苦悩を手放す

苦しみ、懊悩《おうのう》、苦悩を捨てることは簡単なはずだ。それは難しいことではないはずだ。あなたは苦しみたくなどない。だから、その背後には何らかの根深い複雑な問題があるに違いない。その複雑な問題とは、あなたが幸せで、至福に満ち、歓ぶことを、まさに幼児期から許されてこなかったということだ。

あなたは深刻であるよう強いられてきた。そして、深刻さは悲しみを伴う。あなたは自分では決してやりたくないことをするよう、強いられてきた。あなたは無力で弱く、人に依存していたから、当然、言われたことをしなければならなかった。あなたは嫌々ながら、苦しみながら、深いところでは抵抗しながら、それらを行なってきた。自分の気持ちに反して、あまりにも多くのことが強制されてきたため、次第にひとつのことがはっきりしてきた。つまり、自分の気持ちに反することは正しく、自分の気持ちに沿うことは誤りになるということだ。そして、こうした躾全般によって、常にあなたは悲しみに満ちていた。それは自然なことではない。

健康であることが自然であるのと同じように、歓びに満ちているのは自然なことだ。あなたは健康なときに医者に行って、「なぜ私は健康なのでしょう？」と尋ねたりはしない。健康については何も質問する必要はない。しかし病気のとき、あなたは「なぜ私は病気なのでしょう？　私の病気の理由、原因は何でしょうか？」とすぐに尋ねる。

なぜ苦しんでいるのかと尋ねるのは、まったく正しい。なぜ至福に満ちているのかと尋ねるのは、正しくない。あなたは、理由もなく至福に満ちているのは狂気の沙汰と思われるような、正気を失った社会の中で育てられてきた。まったく何の理由もなく、ただ微笑んでいたら、人々はあなたの頭がどこか緩んでいると思うだろう——いったいなぜ微笑んでいるのか？　なぜ、そんなに幸せそうなのか？　あなたが、「わかりません、ただ幸せなんです」と言えば、彼らはその答を聞いて、あなたはどこかイカレてしまったのだという考えを強めるだけだろう。

しかし、あなたが苦しんでいるとしたら、なぜ苦しんでいるのかとは誰も尋ねない。苦しんでいるのは自然だ——全員がそうだ。それは何もあなたに特別なことではない。あなたが特殊なことをしているわけではない。

この、苦悩は自然で至福は不自然であるという考えは、無意識のうちにあなたの中に住みついている。至福は証明しなければならないが、苦悩は証明がいらない。それは、ゆっくりとあなたの中に沈潜していく——あなたの血の中に、あなたの骨の中に、あなたの髄の中に——それは当然、あなたに反するものなのに。こうして、あなたは精神分裂症的になるよう強いられてきた。本質に反することが強制されてきた。あなたは、自分自身から自分自身ではないものへと、すり替えられてきた。

誰もがいるべきでない場所にいて、あるべきでないものになっている——これが人類のあらゆる苦悩をつくり出す。そして、いるべき場所——生まれながらの権利として、いるべき場所にいられないために人は苦しむ。このように、あなたはどんどん自分自身から遠ざかり、家に帰る道を忘れてしまった状態にある。だからどんな所にいようと、あなたはそこが自分の家だと思う——苦悩が家となり、懊悩《おうのう》があなたの本性となっている。苦しみは、病ではなく健康だと認識されている。

そして、「この苦悩に満ちた生を捨て、必要もなく携えているこの苦しみを捨てるのだ」と誰かが言うと、非常に重大な疑問が生まれる——「これが私の持っているすべてなのだ！　それを捨てたら、私は誰でもなくなり、自己証明《アイデンティティ》を失ってしまう。少なくとも今のところ、私は何者かでいる——私は苦悩する人、悲しむ人、苦しむ人だ。こうしたすべてを捨てるなら、そのとき、私のアイデンティティとは何か、私とは誰かという疑問が生じるだろう。私は家に帰る道を知らない。あなたは、社会によってつくられた、偽りの家という見せかけを奪ってしまった」

裸で通りに立つことを望む人は誰もいない。

苦悩している方がましだ——それは苦悩ではあるが、少なくともあなたは何かを着ている。害はない。他の人も皆、同じ種類の服を着ている。それを手に入れられる人にとって、彼らの苦悩は高価だ。それを手に入れられない人は、二重に苦しむ——彼らはお粗末な苦悩の中で生きなければならず、自慢できるものがたいしてない。

つまり、苦悩が豊富な人々と、苦悩が乏しい人々がいる。そして苦悩が乏しい人々は、何とかして苦悩が豊富な人々の地位に辿り着こうと懸命だ。タイプはこの二つしかない。

第三のタイプは、完全に忘れられてしまっている。第三のものとは、あなたの真実であり、その中に苦悩はない。人が本来備えている本質は、至福だ。

至福とは、達成すべきものではない。

それはすでにそこにあり、私たちはそれと共に生まれる。

私たちがそれを失ったことはない。ただ、遠く離れてしまっただけだ。私たちは自分に背を向けていたのだ。

それは私たちのすぐ後ろにある。ちょっと向きを変えれば、大きな革命となる。

しかし世の中には、過去生で悪しき行ないをしたから苦しむのだと説く、偽の宗教が蔓延している。どれもナンセンスだ。なぜ存在は、あなたを罰するのに一つ生を待たねばならないのだろう？　そんな必要はないと思われる。自然界では、物事はすぐさま起こる。今の生で炎の中に手を入れたら、次の生で火傷するだろうか？　奇妙だ！　あなたは、ここで今すぐに火傷を負う。原因と結果は結びついている。隔たりはあり得ない。

だが、これらの偽宗教は人々を慰め続ける。「心配はいらない。ただ善行を行ない、もっと礼拝しなさい。寺院や教会へ行きなさい。すると次の生では苦しまないだろう」。即金のものは何もないようだ――すべては次の生に持ち越される。そして次の生から戻ってきて、「こいつらは大嘘つきだぞ」と言ってくれる人はいない。

宗教とは現金だ、小切手ですらない。

さまざまな宗教は、さまざまな戦略を見つけてきた。だが、それらの背後にある理由は同じだ。キリスト教、ユダヤ教、イスラム教、インドの外で生まれた宗教は、「アダムとイヴが罪を犯したから、あなたたちは苦しむのだ」と人々に言う。何千年も昔の最初のカップル……しかも、たいした罪ではない——そんなことなら、あなたは毎日やっている。彼らは、ただリンゴを食べただけだ。そして神は、彼らにリンゴを食べることを禁じていた。

問題はリンゴではない。問題は、彼らが服従しなかったことだ。何千年も昔、誰かが神に従わなかった。それで彼は罰せられ、エデンの園から追放され、神の楽園から追放された。なぜ私たちは苦しむのか？——それは、彼らが私たちの祖先だからだ。

事実はまったく違う。それは悪しき行為の問題ではなく、あなたが自分自身や自分の自然な至福から、引き離されてしまっているという問題だ。そしてどの宗教も、そんなにやすやすとあなたが至福に満ちることを望まない。さもないと、彼らの精進はどうなるだろう？　彼らの大変な修行、禁欲的な修行はどうなるだろう？

もし私が言うように苦悩を落すのは簡単だとしたら、こうした偽宗教はすべて商売《ビジネス》を失う。それは彼らの商売の問題だ。至福は非常に困難で——ほとんど不可能で——長く厳しい旅の果ての、未来の生における望みでしかない、としておく必要がある。

しかし私は自分の威信にかけてあなたに言うが、私の場合、それはいとも簡単に起こった。私もまた多くの過去生を生き、きっとあなたがたの誰よりも多く、悪しき行為を行なってきたはずだ——というのも、私はそれらを悪しき行為とは思っていないからだ。美を鑑賞し、味覚を堪能し、生をより生きやすく、より魅力的にするものすべてに感謝することは、私にとって悪しき行為ではない。

こうした事柄すべてについて、私はあなたに繊細に、審美的観点から繊細になってほしいと思う。それらはあなたをより人間的にし、あなたの中にさらなる柔和さを生み出し、存在に対するより深い感謝を生み出す。

そして、それは私にとって理論上の問題ではない。私はただ、扉として無を受け容れただけだ——それを私は瞑想と呼ぶ。それは無の別名にすぎない。そして無が起こった瞬間、あなたは突如として自己と対面し、あらゆる苦悩は消える。

最初にすることは、あっさり自分自身を笑い飛ばすこと、何と愚か者であったかと笑い飛ばすことだ。苦悩は決してなかった。あなたは一方の手でそれをつくり、もう一方の手でそれを打ち砕こうとしていたのだ——そして当然だが、あなたは分裂し、精神分裂症的な状態にあった。

それは、実に簡単で単純なことだ。

存在の中でもっとも単純なことは、自分自身であることだ。

それには何の努力もいらない。あなたはすでにそこにいる。

ただ、ちょっと思い出すこと……社会があなたに押し付けてきた、あらゆる愚かな観念から抜け出すこと。それはヘビが古い皮から抜け出し、決して振り返らないのと同じくらい単純なことだ。それは単なる古い皮であり、それ以上のものではない。

あなたがそれを理解したら、まさにこの瞬間にもそれは起こり得る。

なぜなら、まさにこの瞬間、あなたは苦悩や懊悩は存在しないと気づくからだ。

あなたは沈黙し、無の扉の前に立っている。ほんの一歩内側に入れば、何千もの生にわたってあなたを待っていた、大いなる宝が見つかる。

◆至福を意識する

普通、マインドはいつも痛みを意識しているが、至福を意識することはない。頭痛がするとき、あなたはそれを意識する。頭痛がないと、頭の健康を意識したりはしない。身体が痛むときはそれを意識するが、身体が完全に健康なときは健康を意識しないものだ。

これこそ、なぜあなたがそこまで苦悩を感じるのかの原因だ。私たちの全意識は、痛みに焦点を当てている。私たちは棘ばかりを数える —— 花の方には、まったく目を向けない。どういうわけか、私たちは棘を選び、花を無視する。もし怪我をして常に痛みがあるなら、驚くには及ばない。そうあって然るべきだ。何らかの生物学的な理由で、そのようになっている。自然は、痛みを避けられるようにするため、あなたに痛みを意識させるよう計らった。それは、埋め込まれたシステムだ。さもなければ、手に火傷を負っていても、あなたはそれを意識しないかもしれない。すると、生き延びるのは困難になる。だから自然は、痛みを意識することを非常に重要で避けられないものにした。だが自然は、嬉しさや歓びや至福を意識することを、埋め込まれたメカニズムにしなかった。それは学び、鍛錬しなければならない。それは、ひとつの技《アート》だ。

この瞬間から、自然でないものに気づくことを始めなさい。たとえば、身体が完全に健康だと感じられるとしよう —— 静かに座り、それを意識しなさい。健康な状態を楽しみなさい。何も悪いことはない —— 楽しみなさい！　それを意識するよう、つとめて努力しなさい。あなたは充分に食べ、あなたの身体は満足し、満たされている —— それを意識しなさい。

お腹が空いていると、自然はあなたを意識させる。しかし自然には、あなたが満足しているときに、あなたを意識させるシステムがない。それを育てることだ。自然は、それを育てる必要がない。なぜなら、自然が望むのはただ生き延びることだからだ。それ以上のことは贅沢だ。至福は贅沢、最高の贅沢だ。

そしてこれは、なぜ人々がそこまで苦悩するかについての私の観察だが —— 人々は見かけほど、本当に苦悩してはいない。大きな喜びの瞬間はたくさんある。しかし、それらは過ぎ去る。彼らは、まったくそれに気づかない。彼らの記憶は、痛みと傷でいっぱいのままだ。彼らのマインドは、悪夢でいっぱいのままだ。美しい夢や詩的な光景がないわけではない —— それらもまたそこにあるが、注意を払う者がまったくいないのだ。二十四時間のうちに、神への感謝を感じるような出来事が数多く起こる。でも、あなたは気にも留めない！

この瞬間から、それを始めるといい。すると、至福は日毎にますます膨らみ、それに比例して痛みと苦悩がますます萎んでいくことに驚くだろう。そして、生がほとんど祝祭《セレブレーション》になる瞬間が訪れる。痛みはほんの時たまで、その痛みもゲームの一部だ。それに困惑させられることもなく、動揺させられることもない。人はそれを受け容れる。

食後に訪れる満足を楽しんだら、空腹のときにわずかな痛みがあることは自然なことだと知るだろう……それはよいことだ。ぐっすり眠ると、朝には新鮮で生き生きとして若返った感じがする。一晩眠れなかったら、当然、少々つらい思いをするだろう。だが、それもまたゲームの一部だ。

私自身の体験では、生は99パーセントの至福と、1パーセントの痛みからできている。けれども人々の生は、99パーセントの痛みと、1パーセントの至福からできている。すべてが逆さまだ。

楽しさ、歓び、肯定的なもの、花々、苦しみの中における楽しみを、もっと意識するようにしてごらん。

第 3 章

幸福であるための基本条件

Basic Conditions for well-Being

身体に耳を傾けなさい。身体はあなたの敵ではない。身体が何か言っているときは、そのとおりにしてごらん。なぜなら、身体には独自の英知があるからだ。それを妨げてはいけない。マインドのトリップを続けてはいけない。私は厳格な決まりを教えるのではなく、ただ、あなたに気づきの感覚を与える。自分の身体に耳を傾けてごらん。

身体はあなたの友人であり、あなたの敵ではない。その言葉に耳を傾け、その言葉を読み解きなさい。身体という書物の中に入り、ページを繰るにつれ、あなたはやがて生の秘密全体に気づくようになるだろう。それは凝縮されて、あなたの身体の中にある。それは数百万倍に拡大されて、世界にあまねく広がっている。だが、それは微小な成分に凝縮され、あなたの身体の中に存在し、含まれている。

◆身体とつながる

あなたは自分の身体のさまざまなものとつながりを持たず、ただ身体を持ち運んでいる。つながりとは、深い感受性という意味だ。あなたは、自分の身体を感じてすらいないだろう。身体を感じるのは、病気のときだけだ。頭痛がすると、あなたは頭を感じる。しかし頭痛がないときは、頭とのつながりはない。脚が痛むと、あなたは脚に気づく。あなたは、どこかが不調になったときしか、気づきを持たない。

すべてが快調であれば、あなたはまったく気づかぬままだ。だが、そのときこそ——すべてが快調であるときこそ、つながれる瞬間なのだ。不調なときは、病気や不具合なものとつながることになる。もはやそこに幸福はない。ちょうど今、あなたに頭がある。すると頭痛が始まって、あなたはつながりを持つ。それは、頭ではなく頭痛とのつながりだ。頭痛がなくて、頭が完全に健やかなときこそ、頭とつながることができる。でも、私たちはその能力をほとんど失ってしまった。問題がないとき、私たちはまったくつながりを持たない。つまり、つながりは緊急手段にすぎない。頭痛がする——何らかの手当てや、何らかの薬が必要で、何かをしなくてはならない。だからあなたはつながりを持ち、何かを行なう。

すべてが順調なとき、自分の身体とつながるよう試みてごらん。草の上に横たわり、目を閉じ、内側で起こり続けている感覚を感じ、湧き起こる幸福を感じる。川の中に横たわってごらん。水が身体に触れ、すべての細胞が冷やされていく。その冷たさが、いかにひとつひとつの細胞に入り込み、身体の深部に及んでいくか、内側を感じる。身体は深遠な現象だ。自然の奇跡のひとつだ。

太陽のもとに座り、身体に太陽光線を浸透させる。ぬくもりが内側を動き、深部に及んでいくのを感じ、血液細胞に触れてまさに骨に達するのを感じる。太陽は生命であり、まさに源泉だ。目を閉じ、起こっていることをただ感じてごらん。注意深さを保ち、見つめ、楽しみなさい。あなたはやがて、非常に微妙な調和《ハーモニー》に、内側で止むことなく続いている美しい音楽に気づくようになるだろう。そのとき、あなたは身体とつながっている。さもなければ、あなたは死んだ身体を持ち運ぶ。

それは、ちょうどこんなことだ。自分の車を愛する人は、そうでない人とは一風違った車とのつながりや関係がある。

自分の車を愛していない人は、運転しながら車を機械《メカニズム》として扱う。しかし車を愛する人は、車の調子の些細な変化や、わずかな音の変化でさえも気づく。何か変化があれば、彼はすぐに気づく。他は誰一人それを聞いていない。同乗者もそこに座っているが、聞いていない。だが車を愛する人は、エンジン音のわずかな変化、カチッという音、どんな変化にも気づく。彼は深くつながっている。彼はただ運転しているだけではないし、車はただの機械ではない。むしろ彼は、自分を車の中に拡散させ、しかも車が自分の中に入り込むのを許している。

あなたの身体は、機械として扱うこともできる。すると、身体にあまり繊細になる必要はない。身体がさまざまなことを話し続けても、あなたはそれを聞き取らない。なぜなら、あなたは身体とまったくつながっていないからだ。

ロシアでは、新しい研究が数十年続けられ、科学者たちはさまざまな結論に至った。ひとつ明らかになった結果がこれだ —— 病気になる前の6ヶ月間、身体は絶えずあなたに信号を送っている。6ヶ月とは実に長い時間だ！　翌年、病気になるとしたら、今年の半ばから、身体はあなたに信号を送り始める —— だが、あなたは信号を受け取らない。あなたは理解しないし、わからない。病気が姿を現してはじめて、あなたは気づく。あるいは、そのときでさえ気づかないかもしれない —— あなたが内側に深刻な問題を抱えていることに気づくのは、医者の方が先だ。

この研究を何年も指揮してきた人が、実際に発病する前に、病気を検知するフィルムとカメラをつくった。彼が言うには、病気が存在するか否か、患者がまったく気づかないうちに病気を治療できる。癌が翌年に発症するとしたら、今すぐ治療できる。肉体には兆候がなくても、身体電気の中では変化が起こる —— 身体ではなく、身体電気や生体エネルギーの中では変化が起こる。変化は、まず生体エネルギーの中で生じ、次に身体へと伝わる。

もし生体エネルギーの層の中で治療できるとしたら、病気は肉体には決して至らない。この研究のおかげで次の世紀には、病気になることも、病院に行くことも不要になるかもしれない。病気は、実際に身体に至る前に治療できる。ただし、機械装置でそれを検知しなくてはならない。あなたには検知できない。でも、あなたはその自分の身体の中で生きている。そこには、つながりがない。あなたは、ヒンドゥー教のサニヤシンや、見者《リシ》、禅僧、仏教僧たちが、自分の死の前にそれを宣言する話をいろいろ聞いたことがあるだろう。そして知ったら驚くだろうが、その宣言は常に死の6ヶ月前になされている —— それ以上ではない、常に6ヶ月前だ。多くの聖者たちが自分は死ぬだろうと宣言したが、それはちょうど6ヶ月前だ。それは偶然ではない —— その6ヶ月間は意味深い。肉体が死ぬ前に、生体エネルギーが滅び始める。そして、自分の生体エネルギーと深くつながっている人は、今そのエネルギーが収縮し始めたのに気づく。生は拡大であり、死は収縮だ。彼は、生命力が収縮しているのを感じ、自分が6ヶ月以内に死ぬと宣言する。禅僧は、死に方さえも選ぶと知られている——なぜなら、彼らにはわかるからだ。

昔、こんなことがあった。

ある禅僧が死に臨んでいた。そこで彼は弟子たちに尋ねた、「どんな姿勢で、どのように死んだらいいか、言っておくれ」

その男は少々風変わりで、ちょっと常軌を逸した、風狂の老人だった。だが、すばらしい人物だった。

弟子たちは笑い出した。彼はいつも冗談を言っていたから、冗談だろうと思ったのだ。そこで誰かが提案した、「寺の片隅で、立ちながら死ぬというのはどうでしょう」

男は言った、「しかし、昔ある坊主が立って死んだという話を聞いたことがある。だから、それはよろしくない。何か前例のないことを提案しておくれ」

そこで誰かが言った、「庭を歩きながら死ぬというのはどうでしょう」

「中国の誰かが、歩きながら死んだそうだよ」と彼は言った。

すると、ある人が実に奇抜なアイデアを提案した、「シルシアーサナ、つまり頭で立って死ぬのはいかがでしょう」。頭で立ちながら死んだ人はいないし、頭で立ちながら死ぬのはとても難しい。頭で立ちながらだと、眠ることさえ不可能だ。死ぬなんて難しすぎる。眠ることさえ不可能なのに、ましてや死とは大いなる眠りなのだ。それは不可能だ——普通の眠りですら不可能だ。

男はその提案を受け容れた。喜んで、「それはいい」と言った。

誰もが、彼は冗談を言っているのだと思った。しかし、彼は頭で立った。彼らは心配した——彼は何をしているのだろう？　今、何をしたらいいのだろう？　彼はほとんど死にかけている、と人々は思った。死んだ人間が頭で立っている—

―そんなことは聞いたこともなかった。彼らは怖くなった。すると誰かが提案した、「近くの僧院に彼の姉がいる。その人はすばらしい尼僧だ。行って彼女を連れて来よう。彼女は姉さんだから、彼をどうにかしてくれるかもしれない。彼女は彼のことをよく知っている」

姉はやって来た。彼女はやって来ると、こう言ったそうだ。「一休」――一休とは、この僧侶の名前だった。「馬鹿なことはおやめ。こんな死に方は無茶ですよ」

一休は笑った。彼は頭で立っていたのを、ひょいとやめると、「わかりましたよ、ではどんな方法がふさわしいでしょう」と言った。

彼女は言った、「蓮華坐《パドマアーサナ》、仏陀の姿勢で座って死になさい。こんな死に方は無茶です。おまえはいつも分別のない男だったねえ――みんなが笑うでしょうよ」

そこで、彼は仏陀の姿勢で座って死に、姉は立ち去ったと言われている――すばらしい男だ。それにしても、どうやってこれから死ぬと決められたのだろう？　しかも姿勢すら選ぶとは！　彼は、生体エネルギーが収縮し始めるのを感じ取ることができたのだ――この感覚は、身体の表面だけでなく、根の部分と深いつながりがあって、はじめて訪れる。

だからまず、自分の身体にもっと敏感になるよう努めなさい。身体に耳を傾けなさい――それは、さまざまなことを語り続けている。なのに、あなたは頭でっかちだから、まったく耳を傾けない。マインドと身体に葛藤があるときは、たいていマインドよりも身体の方が正しい。なぜなら身体は自然であり、マインドは社会的だからだ。身体はこの広大な自然に属しており、マインドはあなたの社会、限定された社会、年代、時代に属している。身体は存在に深く根をおろしており、マインドは表面を浮遊しているにすぎない。しかしあなたは、いつもマインドに耳を傾け、身体には耳を傾けない。この長い習慣のせいで、つながりは失われてしまっている。

あなたには心臓がある。心臓は根だ。しかし、あなたはそれとつながっていない。まず、身体とつながることから始めなさい。やがて、全身が心臓のセンターのまわりで振動しているのに気づくようになるだろう。ちょうど、太陽系全体が太陽のまわりを回っているように。ヒンドゥー教は、心臓を身体の太陽と呼んだ。全身は太陽系であり、心臓のまわりを動いている。心臓が鼓動を始めると、あなたは命を得る。心臓が鼓動を止めると、あなたは死ぬ。心臓は、身体における太陽のような中心だ。それに注意を払いなさい。少しずつ全身に注意を払うようになってはじめて、あなたは注意深くなれる。

◆自分に誠実に

自分に誠実であることを心がけなさい。それには、どうしたらいいだろう？　三つのことを心に留めておくといい。まず、人の言うこと、あなたに向かってこうありなさいと言うことを聞いてはいけない。常に自分の内なる声、自分がこうありたいと思うものに耳を傾けなさい。さもないと、あなたの一生は無駄になる。

あなたのまわりには無数の誘惑がある。そこには商品を売り歩く人が大勢いる。そこはスーパーマーケット、世間だ。

誰もが、あなたに商品を売ることに関心がある。全員がセールスマンだ。大勢のセールスマンに耳を傾けていたら、あなたは頭が変になるだろう。誰の言うことも聞いてはいけない。ただ目を閉じ、内なる声に耳を傾けなさい。それが瞑想というものだ——内なる声に耳を傾けること。これが第一点。

次に第二点——第一のことを実行してはじめて、第二のことが可能となる。仮面をかぶってはならない。怒りを感じたら怒りなさい。それは危険なことだ。でも、微笑まないこと。なぜなら、それは誠実ではないからだ。しかしあなたは、怒っているときは微笑みなさいと教えられてきた。すると、あなたの微笑は偽り、仮面になる……単なる唇の運動以外の何ものでもない。ハートは怒りと毒でいっぱいなのに、唇は微笑んでいる——あなたは偽りの現象となる。

すると、別のことも生じる。あなたは、微笑みたいときに微笑むことができない。あなたの全メカニズムは逆さまになっている。それは、怒りたかったときに怒らず、憎みたかったときに憎まなかったからだ。今あなたは愛したいが、メカニズムが機能しないことに突然気づく。今あなたは微笑みたいが、それを強いて行なわなければならない。本当は、ハートは笑みに満ち、大声で笑いたいのに、あなたは笑うことができない。ハートの中で何かがつかえ、喉の中で何かがつかえている。微笑みは訪れない。たとえ訪れたにせよ、それはまったく血が通っていない、死んだ微笑だ。あなたは幸せな気持ちにならない。ワクワクすることもない。あなたのまわりには輝きがない。

怒りたいときは怒りなさい。怒るのは、ちっとも悪いことではない。笑いたいなら笑いなさい。大声で笑うのは、ちっとも悪いことではない。やがて、自分のシステム全体が機能していることがわかるだろう。それが機能すると、実際にまわりでブーンと音がする。ちょうど、すべてが申し分ないときに、車がブーンと音をたてるように。車を愛するドライバーは、今すべてが順調に機能しており、有機的な調和があることを知る——メカニズムは順調に機能している。あなたにもわかるだろう——人のメカニズムが順調に機能しているときは、その人のまわりでブーンという音が聞こえる。彼は歩くが、その足取りにはダンスがある。彼は話すが、その言葉には詩情が漂う。彼はあなたを見るが、本当の意味で見る。彼のまなざしは、中途半端にあたたかいのではなく、本当にあたたかい。彼があなたに触れるときは、本当に触れる。彼のエネルギーがあなたの身体に入り込み、生命の流れの伝達が感じられるだろう……。それは、彼のメカニズムが順調に機能しているからだ。

仮面をかぶってはいけない。さもないと、あなたのメカニズムに機能不良——凝り固まり《ブロック》が生じるだろう。あなたの身体には、たくさんのブロックがある。怒りを抑圧してきた人は、顎がブロックされる。すべての怒りは顎まで上ってきて、そこで止まる。彼の手は醜くなる。その手には、踊り手の優美な動きがない。なぜなら、怒りは指に流れるからだ——そしてブロックされてしまう。覚えておきなさい、怒りが解き放たれる出口は二つある。ひとつは歯、もうひとつは指だ。動物はみな、怒ると歯で噛みつくか、手で引っ掻く。だから爪と歯は、怒りが解き放たれる二つのポイントだ。

怒りをあまりに長く抑圧しているから、人は歯の病気になるのではないかと、私は危惧している。多大なエネルギーがあるのに解き放たれないため、歯は悪くなっていく。また、怒りを抑圧する人は過食する。怒っている人は常に過食する。それは、彼らの歯が何らかの運動を必要とするからだ。怒っている人は過度に喫煙する。怒っている人は余計に話をする——彼らは話さないではいられない。それは、何とか少しでもエネルギーを解き放つために、顎が運動を必要とするからだ。また、怒っている人の手は、曲がって醜くなってしまう。エネルギーが解き放たれたら、美しい手になるだろう。

何かを抑圧する場合、身体にはその感情に対する箇所——対応する箇所がある。泣きたくないとしたら、あなたの目は輝きを失う。目には涙が必要だからだ。たまに、あなたは涙を流して泣くことに、すっかり巻き込まれる。あなたの目から涙が流れ始め——あなたの目は清められ、再び爽やかで若々しく清らかになる。だから女性は、より美しい目をしているのだ。彼女たちは、まだ泣くことができる。男性は、もはや生き生きした目をしていない。それは彼らが、男は泣くものではないという間違った信念を持っているからだ。小さな男の子が泣くと、他人だけでなく両親までも、「どうした？　おまえは弱虫なのかい？」と言う。

何と愚かなことだろう。自然はあなたがた男性と女性に、同じ涙腺を与えている。男性は泣くべきでないとしたら、男性には涙腺がなかっただろう。単純な数学だ。なぜ、女性と均等に男性に涙腺があるのか？　目は涙を流し、泣くことを必要としている。そして心から泣き、涙を流せるとしたら、それは実に美しい。

覚えておきなさい、心から泣いたり涙を流したりできないとしたら、笑うこともまたできない。なぜなら、それはもう一方の極だからだ。笑える人は、泣くこともできる。泣けない人は、笑えない。そして、ときどき観察したことがあるかもしれないが、子供は大声で長いこと笑っていたかと思うと、泣き始める。それは、ふたつが結びついているからだ。私は、母親が子供に言うのを聞いたことがある、「笑いすぎちゃだめよ、さもないと泣き出しちゃうからね」。それは本当にそのとおりだ。その現象には違いがない —— ただ、同じエネルギーが対極に動いているだけだ。

第二点は、仮面を使わないこと —— どんな代償を払ってでも、誠実であることだ。

そして三番目に覚えておくべきことは、真正であること —— 常に現在にいなさい。あらゆる偽りは、過去か未来からやって来る。過ぎてしまったことは過ぎたこと —— それを思い煩ってはいけない。また、それを重荷として背負ってもいけない。さもないと、そのせいであなたは現在に真正でいられない。そして、訪れていないことはまだ訪れない —— 未来のことを不要に思い煩ってはいけない。さもないと、未来は現在に入り込み、それを滅ぼすだろう。今この時に誠実でありなさい。そうすれば、あなたは真正だ。今ここにあることこそ、真正であることだ。

◆訪れる生にくつろぐ

確かに社会は、あなたに活動や、野心や、スピードや、効率といった訓練を積ませる。くつろいで何もせず、休息する訓練をさせることはない。社会は、あらゆる類《たぐい》の休息を怠惰であると非難する。狂ったように活動的でないと、そうした人々を非難する。というのも、社会全体が狂ったように活動的で、常にどこかに到達しようとあえいでいるからだ。どこへ到達するのか、はっきり知っている者は一人もいない。しかし、誰もが気をもんでいる――「急げ！」と。

道で車を全速力で走らせていた夫婦の話を聞いたことがある。妻は男に、「ちょっと地図を見てちょうだい」と繰り返し言っていた。

一方、男は言っていた、「静かにしていてくれ。黙るんだ！　運転手は俺だ。行き先なんて、たいしたことじゃない。問題は早く行くことだ。スピードこそ重大なんだ」。どこへ向かっているのか、なぜそこへ行くのか、誰一人として知る者はいない。

ジョージ・バーナード・ショウの非常に有名な逸話がある。彼はロンドンからどこかへ旅に出た。検札係がやって来たので、彼はポケットや鞄の中をくまなく探し、スーツケースも開けてみた。すると検札係は言った、「私はあなたのことを存じ上げていますよ。誰もがあなたのことを知っています。あなたはジョージ・バーナード・ショウさんですね。世界的に有名な方です。切符はそこにあるに違いありません。どこに置いたか、お忘れになったんでしょう。ご心配なく。そのままでいいですよ」

ジョージ・バーナード・ショウは男に言った、「君は私の問題を知らないんだ。私は、君に見せるためだけに切符を探しているわけではない。自分がどこへ行くのか、知りたいのだ。あの、いまいましい切符め――もしなくなったら、私は迷ってしまう。私が君のために切符を探しているとでも思うかね？　私がどこへ行くのか教えてくれ」

検札係は言った、「そりゃ、あんまりですよ。私はあなたの手助けをしようとしただけです。気を悪くなさらないでください。もう少しして駅に着くまでには、たぶん思い出すでしょう。どうして私があなたの行く先を教えられるでしょう？」

だが、誰もが同じ状況にある。精神世界の検札係がまわりにいて、「君はどこへ行くのかね？」とチェックしていないのはありがたいことだ。さもないと、あなたは何の答も持たず、ただ立ち尽くすだけだろう。あなたはどこかへ行こうとしていた――それは間違いない。あなたは生涯、どこかへ行こうとしてきた。だが、どこへ行こうとしているのか、実は知らない。

あなたは最終的に墓場に行き着く。それはひとつ確かなことだ。でもそれは、あなたが行くつもりのない場所であり、誰もが行きたがらない場所だ。しかし、すべての人が最後はそこに到着する。それは、すべての列車が至る終着駅だ。切符を持っていないなら、終着駅まで待つといい。すると彼らは言う、「降りてください。列車はもうこれ以上は行きませんよ」

社会全体は仕事に向かっている。社会は働きすぎだ。社会は、あなたがくつろぎを学ぶことを望まない。だから社会は、幼年期からあなたのマインドに、くつろぎに反する観念を植え付ける。

私は、一日中くつろぎなさいと言っているわけではない。仕事をし、自分自身のための時間をいくらか見つけなさい。それは、くつろぎの中でこそ見つかる。あなたは驚くだろうが、二十四時間の中で常に1時間か2時間くつろぐことができたら、それは自己への深い洞察を与えてくれるだろう。

外見的には、それはあなたの行動を変える —— あなたは、より穏やかに、静かになるだろう。それは、あなたの仕事の質を変える —— それは、より芸術的に、優美になるだろう。いつもよりも、間違えることが減る。それは今、あなたが以前よりもまとまり、中心が定まっているからだ。

くつろぎには奇跡的な力がある。くつろぎは怠惰ではない。外側から見ると、怠け者は何も働いていないかのようだが、彼のマインドはフルスピードで動いている。くつろいだ人というのは —— 身体がくつろぎ、マインドがくつろぎ、ハートがくつろいでいる —— 2時間の間、彼はいないも同然だ。この2時間のうちに、彼の身体は回復し、ハートは回復し、知性は回復する。あなたはそれを、彼の仕事の中に見て取るだろう。

もはや猛進することはないが、彼は敗者ではない。彼は必要もなく四方八方に走らない。行きたい地点へ一直線に進む。そして、為すべきことを行ない、不要なことは行なわない。彼は言うべきことだけを言う。彼の言葉は電報のようになり、彼の動きは優美になり、彼の生は詩になる。

くつろぎはあなたを変容させ、そのように美しい高みへと、あなたを連れて行くことができる――そして、そのテクニックは実に簡単だ。たいそうなことではない。古い習慣のせいで、数日はそれが難しく思われるだろう。古い習慣を打ち砕くには日数がかかる。

より深く深くくつろぐにつれ、それは瞑想になる。

瞑想とは、もっとも深いくつろぎの呼び名だ。

◆身体の英知を認める

身体には大いなる英知がある――それを認めなさい。それをもっと認め、その独自の英知に従いなさい。そして時間があるときは、ただくつろいでごらん。呼吸は、ひとりでに続けさせる。干渉してはいけない。私たちの干渉癖は、かなり深く染み付いていて、干渉せずには呼吸もできないほどだ。呼吸を見守ると、自分が干渉し始めたことにすぐ気づくだろう。あなたは深呼吸を始めたり、あるいはもっとゆっくり息を吐き出したりする。干渉する必要はまったくない。いつものように呼吸をしなさい。あなたの身体は、必要なことを熟知している。もっと酸素が必要なら呼吸は増えるだろうし、それほど必要なければ呼吸は減るだろう。

それはすべて身体に任せておきなさい！　おせっかいを完全にやめること。どこかに緊張を感じるときは、その部分を緩めてごらん。そして、ゆっくりと……まず座って休息しているときに始め、次に何かをしながらやってみるといい。床を掃除したり、台所やオフィスで仕事をしたりしているとき、そのくつろぎを維持しなさい。くつろいだ状態を動きが干渉する必要はない。すると、あなたの活動には美しさが、大いなる美しさがあるだろう。あなたの活動は、瞑想性の香りを帯びるだろう。

だが、人々は不必要な努力を続ける。ときに、その努力は自らの障壁であり、その努力は自らがつくり出している問題だ。

大吹雪の間、町はとても混乱していた。ムラ・ナスルディンは、太っちょの婦人がタクシーに乗り込むのを助けに行った。突進したり、押し込んだり、氷の上で滑ったりしたあげく、あなたを車に乗せるのは無理のようだと彼は言った。

彼女いわく、「乗るですって？　私は降りようとしているのよ！」

ただ観察しなさい……押せば逃してしまうような事柄がある。とにかく、川を押してはいけない。また、上流へ進もうとしてはいけない。川は、ひとりでに海に向かって流れている――ちょっとその一部に、その旅の一部になってごらん。それはあなたを究極なるものへと連れて行くだろう。

くつろげばわかるし、くつろがなければわからない。くつろぎは、あの大いなる知――光明《エンライトメント》への扉となる。

◆歓びというシンフォニー

実のところ歓びとは、あなたの身体がシンフォニーを奏でていること――身体が音楽的なリズムの内にあることに他ならない。歓びは楽しみとは違う。楽しみは、何か他から得なければならないものだ。歓びとは、ただあなた自身であることだ――生き生きとして、余すところなく躍動し、生気に満ちている。あなたの身体のまわりや、身体の中の、かすかな音楽の気配、シンフォニー――それが歓びだ。身体が流動しているとき、身体が川のように流れているとき、あなたは歓びに満ちていられる。

健やかな有機体は、常にオーガズムの頂点に到達することができる。それはオーガズミックだ。それは流動し、流れている。

幸せな人が笑うとき、彼はまるで全身が笑うかのように笑う。唇だけ、顔だけの笑いではない。足から頭まで、彼はひとつの完全な有機体として笑う。笑いのさざ波が、彼の実存を通してあふれ出る。彼の全生命力は、笑いと共に波打つ。それは踊っている。健全な人が悲しむとき、彼は心の底から悲しむ――全身全霊で。健全な人が怒るとき、彼は心の底から怒る――全身全霊で。彼が愛を交わすとき、彼は愛そのものだ――他の何ものでもない。彼が愛を交わすとき、彼はただ愛を交わすのみだ。

実のところ、愛を交わすと言うのは正しくない。英語の表現は粗野だ。愛は、交わせるものではないのだから。彼は愛を交わすのではない――彼は愛そのものだ。彼は愛のエネルギーに他ならない。そしてそれが、彼のあらゆる行為におけるやり方だ。歩いているなら、彼はただ歩くエネルギーになっている。そこに歩く人はいない。穴を掘っているなら、ただ掘る行為になっている。

健全な人は、ひとつの実体ではなく、ひとつの過程《プロセス》、動的なプロセスだ。もしくは、健全な人は名詞ではなく、動詞のようなものであるとも言える――川（*river*）ではなく、川となって流れている（*rivering*）。彼は、絶えずあらゆる方向に流れ、あふれ出ている。そして、それを阻止する社会は病んでいる。どんな形であれ、抑制された人は病んで偏っている。全体ではなく、一部がはたらいているだけだ。

多くの女性は、オーガズムがどんなものかを知らない。多くの男性は、全面的なオーガズムを知らない。多くの人は局部的なオーガズム、性器のオーガズムにしか達しない――それは性器に限定されている。性器でほんのわずかにさざ波が立ち――それでおしまいだ。それは、全身が渦に巻き込まれ、あなたが深淵の中に失われるときのように、支配的なものではない。一時《いっとき》、時間が止まり、マインドは働かない。一時、あなたは自分が誰なのかわからない。それが全面的なオーガズムだ。

人間は不健全で病的だ。それは、社会があらゆる形で人を不具にしてきたからだ。あなたは全身全霊で愛することを許されていない。あなたは怒ることを許されていない。あなたは自分自身であることを許されていない。無数の制限が押し付けられている。

本当に健全になりたいのなら、自分自身への抑制を解くことだ。社会があなたにしてきたすべてを、取り消すことだ。社会は実に罪つくりだ。けれども、それが私たちの唯一の社会だから、今のところ何もできない。それぞれが、この病的な社会で、自分なりの取り組みをするしかない。そして最良の方法は、可能なかぎりさまざまな形で、オーガズミックになることだ。

泳ぎに行くなら、泳ぎなさい。ただし、あなたが「泳ぎ（*swimming*）」という動詞になり、名詞が消滅するほどに、全身全霊をこめた存在として泳ぐ。走るなら、走りなさい。すると「ランナー（*runner*）」ではなく、「走り（*running*）」になる。オリンピックでは、ランナーがいて、エゴがあって、競争相手がいる……すべて野心的だ。ランナーが存在することなく、ただ走れるなら、その走る行為は禅になる――それは瞑想的になる。踊りなさい、でもダンサーになってはいけない。なぜならダンサーは作為的になり、全身全霊でなくなってしまうからだ。ただ踊り、どこであれ踊りが望むところへ、あなたを連れ去らせなさい。

生を是認し、生を信頼しなさい。すると次第に、生はあなたの抑圧をすべて打ち砕くだろう。そしてエネルギーが、妨げられた部分のすみずみに流れ始める。

だから何をするにしても、もっと流れになるという秘訣と共に行なってごらん。誰かの手を握るなら、心から握る。ともあれ、あなたは手を握っている。だったら、どうしてこの瞬間を無駄にする？　心から握りなさい！　ただの死んだふたつの手がお互いに握り合い、いつ相手が去ってしまうかを心配しているようではいけない。話をするなら、情熱的に話す。さもないと、あなたは相手と自分自身を退屈させてしまうだろう。

生は情熱、打ち震える情熱、脈動する情熱、途方もないエネルギーであるべきだ。何事も、だらだら行なってはいけない。そんなことなら、やらないことだ。何かをすべき義務などない。しかし、やりたいと思うことは心から行ないなさい。

次第に抑圧はすっかり消えてゆき、あなたの人生が取り戻されるだろう。あなたの身体が取り戻され、あなたのマインドが取り戻される。社会は、身体やマインド —— あらゆるものを不具にしてきた。それは定められた選択をあなたに与えてきた。あなたには、ほんのわずかな隙間しか開かれておらず、あなたはその隙間からしか見ることができない。全体を見ることは許されていない。

◆笑ってひとつになる

ユーモアはあなたのばらばらな断片をつなぎ、ユーモアはあなたの欠片《かけら》を付け合せ、ひとまとまりにする。観察したことはないだろうか？　豪快に笑うと、突然あらゆる欠片が消え去り、自分がひとつになることを。笑うとき、あなたの魂と身体はひとつだ —— それらは共に笑う。考えるとき、あなたの身体と魂は分かれている。泣くとき、あなたの身体と魂はひとつだ —— それらは調和のうちに機能している。

いつも覚えておきなさい、あなたをひとつのまとまりにすることは良いことであり、あなたのためになる。笑うこと、泣くこと、踊ること、歌うこと —— それらはどれも、あなたをひとつにする。その中で、あなたは分裂ではなく、ひとつの調和として機能する。頭の中では思考が続き、身体は無数のことをやり続ける —— あなたは食べ続け、マインドは考え続けるだろう。これは断片だ。あなたは通りを歩く —— 身体は歩いており、あなたは考えている。でも、通りのこと、街路樹のこと、太陽のこと、通り過ぎる人々のことを考えているわけではない。他のこと、他の世界のことを考えている。
でも、笑ってごらん。そしてその笑いが本当に深ければ、それが唇だけの見せかけの笑いでなければ、突然あなたは、自分の身体と魂が一緒に機能しているのを感じるだろう。それは身体の中だけに留まらず、あなたの核の最深部にまで達する。それはまさにあなたの実存から湧き起こり、周辺へと広がっていく。あなたは笑いの中でひとつになっている。

ニューイングランドのリゾートタウンに、ある男がいた。実に器量の悪い男だったので、彼は町の人間が思いつく、ありとあらゆるからかいの的だった。休暇でリゾートを訪れた整形外科医は、彼の醜さに閉口し、無料で男の顔を変えてあげようと申し出た。「実のところ」彼は言った、「とてつもないことだが、君をニューイングランドでいちばんのハンサムにする整形手術をしてあげよう」
メスを入れる直前に外科医は言った、「顔を完全に、すっかり変えてほしいかね？」
「いや」男は答えた、「やり過ぎないでください。この顔が誰なのか、誰がそんなにハンサムなのか、仲間にわかってもらいたいですからね」

これが、エゴのはたらき方だ。あなたは、この顔が誰なのか、誰がそんなにハンサムなのか、仲間にわかってもらいたい。こんなに柔和で謙虚な人物は誰なのか、行列の後尾に立っている人物は誰なのか、仲間にわかってもらいたい。たとえその程度でも欲望があるなら、エゴは完全に生きており、成長しているということだ。何ひとつ変わってはいない。全面的な変化こそが、変化だ。

サミー・ゴールドバーグは株で多額の金を失い、悲惨な状態に陥った。彼は医者を訪ねて言った、「先生、先生、手の震えが止まらないんです」

「はてさて」医者は言った、「酒はたくさん飲むのかね？」

「飲めません。たいてい、こぼしてしまいます」とサミー。

「そうか」と医者は言い、サミーを念入りに診察し始めた。終了すると彼は言った、「で、腕がちくちくして、膝が痛み、急に目眩《めまい》の発作に襲われるのかね？」

「はい、その通りです」とサミーは答えた。

「そいつは奇妙だ、私も同じだ……これはどうしたことか！」と医者。

そして、しばらくノートを調べてから目を上げて言った、「それで、こんなことは以前にもあったかね？」

「はい、ありました」とサミー。

「さて、それなら大丈夫」。医者は次の患者を呼ぶブザーを押しながら答えた。

「また、そうなったということですな！」

医者に行ったフレッドが帰ってきた。彼はつらそうだった。彼は妻のベッキーに告げた——夜が明ける前に死ぬだろうと医者に言われたと。彼女は彼を抱きしめ、二人は少し泣いた。ベッキーは、早くベッドに行って、もう一度愛を交わしましょうと言った。

ベッキーが寝てしまうまで、二人は愛を交わした。だが、フレッドは眠るのを恐れた。これが自分の地上で最後の夜なのだ。ベッキーがいびきをかいている間、彼は暗闇の中に横たわっていた。

フレッドは妻の耳元でささやいた、「ベッキー、お願いだ。頼むから、あと一度だけ」。だが、ベッキーはいびきをかき続けていた。

フレッドは自分の腕時計を見ると、妻の上に身を乗り出し、彼女を強く揺さぶった。「お願いだ、ベッキー。頼むから、あと一度だけ！」

ベッキーはちらっと彼を見て言った、「フレッド、どうしてそんなに身勝手なの？　あなたはいいでしょうけど、私は朝起きなきゃいけないのよ」

老人たちは皆、そうしたことを至るところで、どの家庭でもやっている——自分の親族の平安を試すために。

サミー・ゴールドバーグは、とても悲しそうだった。妻が病気だったのだ。そこで彼は医者を呼んだ。ゴールドバーグ夫人を診察して、医者はサミーに告げた、「悪い知らせだと思いますが、奥様はあと数時間しか命がありません。手は尽くしたということをご理解なさってください。ご自分を苦しめてはいけませんよ」

「いいんです、先生」、ゴールドバーグは言った、「私は40年間、苦しんできました。あと数時間ぐらい、どうってことないですよ」

ちょっと、健康の定義を思い出してごらん。自分の身体をまったく感じないとき、あなたの身体は健康だ。あなたは、頭痛がしてはじめて自分の身体を感じる。頭痛がしいないときは、頭もない —— それはとても軽くて重みがない。脚が痛むとき、あなたには脚がある。痛まないなら、脚は不在だ。身体が健康なとき —— 私の健康の定義とは、身体の存在をまったく自覚していないということだ。そこにあろうとなかろうと、違いはないということだ。

そして、健全なマインドについても同じことが当てはまる。常軌を逸したマインドだけが、感じられる。マインドが正常で静かなら、それは感じられない。身体とマインドの両方が静寂の中にあれば、魂はもっと簡単に体験できるだろう —— 笑いと共に。深刻になる必要はまったくない。

サミー・ゴールドバーグは、金のことを心配してひどく憔悴感を覚え、医者に行った。「リラックスすることです」。医者は命じた、「ちょうど2週間前、仕立屋の請求書が払えなくて心配している患者がいましてね。私は彼に、そんなことは忘れてしまいなさいと言いました。今では元気ですよ」

「知ってます」とゴールドバーグ。「私がその仕立屋なんです」

さあ、さまざまな状況がある……。だが、ちょっと注意していれば、サミー・ゴールドバーグの状況でさえ、あなたは笑うだろう。そうした滑稽な状況は、いたるところで見つかる。生はそんなことであふれている。

ある男が、ざっと12人の子供と一緒にバスに乗り込んだ。小柄な老婦人が、みんなあなたの子供なのかと彼に尋ねた。

「もちろん違います」と男は答えた。「私は避妊薬の営業をしているんですが、この子たちはみんな苦情《クレーム》なんですよ」

ちょっとまわりを見回してごらん。そんな状況がたくさん見つかるだろう。それらを楽しむ術《アート》を学びなさい。

ジョーが犬に噛みつかれた。傷が治るまで長いことかかったため、医者に行ったところ、医者は犬を連れてきなさいと命じた。医者が懸念したとおり、犬は狂犬病にかかっていた。
「君に免疫血清を投与するのは遅すぎたようだ」と医者はジョーに言った。
ジョーは医者の机の前に座ると、一心不乱に書き始めた。
「たぶん、そんなに悪くないと思うね」と医者は慰めた。「今すぐ遺言状を書く必要はないよ」
「遺言状を作成しているわけじゃないんです」とジョー。
「これから私が噛みつく人たちのリストを書いているんですよ」

もし、為すすべもなく気が狂っていくのなら、どうしてチャンスを利用しない？　こんな、すばらしいチャンスを……。
生を楽しみ、そこらじゅうにある出来事の滑稽さを笑いなさい。神の寺院までの道のりの間、ずっと笑っていなさい。充分に笑った人たちは到着してきた。深刻な人たちは、陰気な顔をしながら、いまだにあたりをさまよっている。

新米のダグバート医師は、開業医のボーンズ医師と共に、往診の立会いに出かけた。「私は最初の二軒をやるから」とボーンズは言った。「よく見ておいて、次は君がやってみるんだ」

最初の家で、彼らは疲れきった男に出会った。「うちの女房は、ひどい胃痛なんです」と彼は言った。

ボーンズ医師は手短に診察すると、四つん這いになってベッドの下を覗き込んだ。「奥さん」とボーンズ。「甘いものやチョコレートの暴食をやめないといけませんね。そうすれば、一日で良くなりますよ」。ダグバートがベッドの下をちらっと覗くと、キャンディーの包み紙が床に散らかっていた。

次の訪問で、彼らは取り乱したベッキー・ゴールドバーグに出会った。「先生、サミーなんです！」彼女は泣いた。「あの人は昨日一日中もの忘れが激しくて、今日は何度もひっくり返りました。ベッドに寝かせたら、気絶してしまったんです」

サミーを診察すると、ボーンズは床に跪いてベッドの下を見た。「実に簡単な問題ですよ」ボーンズはサミーに言った。「あなたは飲み過ぎです！」。新人ダグバート医師がベッドの下をこっそり覗くと、ジンの空き瓶が7本見つかった。

三軒目はダグバートの番だった。彼がドアベルを鳴らすと、だいぶ間があってから、興奮した若い女性が返事をした。

「ご主人が私たちを呼んだんです」とダグバート。「ご主人によると、今朝あなたは取り乱していたそうで、それで私たちに診察を依頼したんですよ」

そして彼らは二階に上がり、女性は横になった。ダグバートは彼女を診察すると、ベッドの下を覗き込んだ。「いいでしょう」彼は締めくくった。「乳製品なしダイエットを処方しましょう。そうすれば、よくなりますよ」

帰りしな、ボーンズは狐につままれて尋ねた、「どうやって乳製品なしダイエットなんて結論に達したんだい？」

「それはですね」とダグバート。「あなたの例に従って、ベッドの下を覗いたんです――そこには牛乳配達夫がいたんですよ！」

スロボヴィアは、夜中に教皇と娼婦酒場《ポープ・アンド・フッカー・パブ》でコワルスキーと会い、ビールを一杯やっていた。

「君のかみさんの料理はどうだい？」コワルスキーが尋ねた。

「今晩、家に帰ったら」とスロボヴィア。「女房が泣いていたんだ。俺のために焼いたパイを、犬のやつが食っちまったんだと。俺は言ってやったね、『泣くことはない。もう1匹、犬を買ってやるよ』ってさ」

「クロップマンさん」ボーンズ医師は言った。「あなたは重症ですが、私はあなたを治せると思いますよ」

「先生」クロップマンは泣いた。「もしそうして下さるのなら、回復した折には、あなたの新しい病院に5千ドル寄付しましょう」

数ヶ月後、ボーンズは通りでクロップマンと出会った。「ご機嫌いかがですか？」彼は尋ねた。

「すばらしいです、先生、上々です！」とクロップマン。「こんなに調子がいいことは、これまでありませんでしたよ！」

「お話しようと思っていたんですが」とボーンズ。「新しい病院のためのお金は、いかがなものでしょう？」

「何をおっしゃってるんです？」クロップマンは尋ねた。

「言ってたじゃないですか、具合が良くなったら、新しい病院のために5千ドル寄付するって」と答えるボーンズ。

「そんなこと言いましたかね？」とクロップマン。「そりゃ、かなり重症だったってことですな！」

モイシェ・フィンケルステインの妻ルーシーは、夫のベッドでの行為にいつも不平を言っていた。そこで、モイシェは医者に行った。ボーンズ医師は、必ずうまくいく奇跡の新薬をいくつか処方した。

1ヵ月後、モイシェは再びボーンズ医師に会いに来た。「薬はすばらしかったですよ」とモイシェ。「一晩に3回やってます」

「それはよかったですね」とボーンズはクスクス笑った。「じゃあ今、奥さんは夜の生活について何と言ってます？」

「さあ、どうでしょう」とモイシェ。「まだ、家に帰ってないんですよ」

カリフォルニア、サンタ・バナナの下町の、ある明るい月曜日の朝のこと。新時代の高度な外科を専門とするデキャピテイト医師は、最初の患者がやって来るのを待ちうけていた。デキャピテイト医師は、近代的で最新技術を備え、コンピュータ化され、クロムめっきが施されたオフィスを見渡した。そしてボタンを押すと、彼の最初の患者、ポーキー・ポークが入ってきた。

「先生！」包帯で頭を巻かれたポーキーは叫んだ。

「ああ！　何も言わないでよろしい！」と怒鳴るデキャピ

テイト医師。「頭だな！」

「お見事！」と叫ぶポーキー。「どうしてわかったんです？」

「即座に言い当てられるさ」とデキャピテイト医師は答えた。「この仕事を30年やってきたんだからな！」。医師は、コンピュータのスイッチやボタンをいくつかカチャカチャさせて叫んだ、「疑いなく——君はひどい偏頭痛だ」

「信じられない！」とポーキー。「ずっとそうなんです。治せますか？」

「いいとも」コンピュータの画面を調べながら、デキャピテイトは言った。「少々、荒療治かもしれないが、ひとつだけ助けられる方法がある。君の左側の睾丸を除去しよう」

「そんな！　左側の睾丸ですって？」ポーキーは叫んだ。「まあ、いいでしょう。この頭痛を止めるためなら、何だってしますよ！」

そうして1週間後、ポーキー・ポークはよたよたしながら、デキャピテイトの外科医院を出てきた。左側の睾丸は失ったが、新しい人間になったような気分だった。

「消えたぞ！」ポーキーは叫んだ。彼は踊ろうとしたが、自分の動きがかなり制限されていることに気づいた。「俺の偏頭痛は消えた！」

この出来事を祝うため、新しい服を一揃い手に入れようと、ポーキーはモイシェ・フィンケルステインの仕立屋に直行した。

モイシェはポーキーを一目見るなり言った、「ジャケットのサイズは42号ですね」

「そのとおり！」ポーキーは叫んだ。「どうしてわかったんです？」
「すぐに言い当てられますよ、」とモイシェ。「この仕事を30年やってきたんですから。そして、ズボンのサイズは36号ですね——股下は34インチ」
「すごい！」ポーキーは叫んだ。「信じられない。まったくその通りだ！」
「もちろんですとも」と答えるモイシェ。「ずっとこれをやってきたんですから。それと、あなたの靴のサイズは9.5ですね」
「信じられない！」と叫ぶポーキー。「まさにその通りだ！」
「それから、下着のサイズは4号ですね」とモイシェ。
「いいや！」と答えるポーキー。「違うよ。3号だ」
「それはあり得ませんね」モイシェはしげしげと眺めながら、ぴしゃりと言った。「下着のサイズは4号でしょう」
「いや、違うよ」とポーキー。「ずっと3号さ！」
「いいでしょう」とモイシェ。「3号を着てもかまいません——でも、ひどい偏頭痛になりますよ！」

第 4 章

症状と解決法

Symptons and Solutions

身体が自然な行動をしていないと、突然、何らかの不調が噴出する。その病気は友人のようなものだ。それは「正しく行動し、君のやり方を変えるんだ！　君はどこか自然に背こうとしている」と教えてくれている。3、4日、食事をとらないと、目眩《めまい》がし、お腹が空き、悲しくなるものだ。全身は「食事をとりなさい！」と言っている。身体にはエネルギーが必要だからだ。

常に覚えておきなさい——エネルギーは中立だ。だからあなたの存在の質は、すべてあなたにかかっている。あなたは幸せな気分にもなれるし、不幸せな気分にもなれる——それはあなた次第だ。他の誰の責任でもない。

お腹が空いたら食べなさい。喉が渇いたら飲みなさい。眠くなったら眠りなさい。生理的欲求に無理強いをしてはいけない。ただ、少しの間なら無理強いも問題はない。それくらいの自由はある。断食をしたいなら、数日間の断食は可能だ。しかし、あなたは日毎にどんどん衰弱し、日毎にますます惨めな気分になっていく。呼吸をしたくなければ、数秒間は呼吸を止められる。しかし数秒間だけだ——そのくらいの自由は可能だ。だが、さほど長くはない。充分に呼吸ができないと、すぐに窒息して死にそうな感じに襲われる。

あらゆる苦悩は、あなたがどこか間違っていること、道から外れていることを、あなたに教えるために存在する。早く戻ってきなさい！　身体に耳を傾け、生理的欲求に耳を傾け、内なる存在に耳を傾け始めれば、あなたはどんどん幸せになっていくだろう。生理的欲求によく耳を傾けなさい。

1.腹部の緊張

質問：しばしば腹部に岩のような感覚があります。
どうしたら、やわらげることができるでしょう？

人々の大半は、腹部の岩のような感じに苦しんでいる。それは、ありとあらゆる病気 ―― 身体的、精神的な病気の両方の原因だ。なぜなら腹部は、あなたの心理と生理が出会う中枢《センター》だからだ。それらは臍で出会う。臍は心理と生理がつながるポイントだ。だから、臍のまわりの筋肉が岩のようになると、あなたはひどく分断される。マインドと身体は分離し、そして掛け橋のない、ほとんどふたつの物体となる。

だからたまに、あなたはマインドだけが望み、身体は望みもしないようなことをしてしまう。たとえば、あなたは食べる。お腹を空かせていなくても食べ続ける。それは、マインドが味覚を楽しんでいるからだ。身体がどう感じているのか、マインドは知らない。なぜなら、その感覚は切り離されていて、掛け橋がないからだ。ときにはトランプやテレビに熱中しすぎて、身体が空腹なのに気づかないこともある。こうした場合、人は決して交わることのない2本の平行線のままだ。それは精神分裂症だ。どこかしら精神分裂症的でない人を見つけるのは非常に稀だ。だが、ある症状が常に存在する ―― 腹部が岩のようになっている。

そこで、まず深く息を吐くことを始めるといい。深く息を吐くと、自然と胃が押し下げられる。そうしたらリラックスして、空気が流れ込むままにする。深く息を吐くと、空気はとても勢いよく流れ込んでくる。まるでハンマーで叩くように——それは、腹部のまわりが岩のように構成されたものを打ち砕く。これが第一のステップだ。

第二のステップ——朝、排便が済んで腹部が空っぽのとき、渇いたタオルで腹部をこすり、腹部をマッサージする。右下から始めて1周する。逆ではない。3、4分マッサージしなさい。それも腹部がリラックスするのを助ける。

そして第三のステップ——いつでもいいからできるときに、少しランニングをしなさい。ランニングはとてもいい——ジョギング、ランニング。これら三つのことをやってごらん。すると、1ヶ月もしないうちに岩は消えるだろう。

2.身体から分離した感覚

質問：私は自分の身体が感じられません。
どうしたら、もっと接触できるでしょうか？

第一は、身体に帰ること。自分の身体とつながっていないとしたら、大地とつながっていないということだ。私たちは根づいておらず、根を持っていない。そして、身体に根づいていなければ、何も行なえない——何ひとつ。ひとたび身体に根づけば、すべてが可能になる。

また、嫉妬、所有欲、そして貪欲といった問題はすべて、根づいていない状態に含まれる。私たちは、根づいていないから常に恐れる。その恐れから独占欲がはたらき、その恐れから誰のことも信用できず、強い嫉妬が訪れる。実のところ、私たちは自分自身のことも信頼できない——それが問題だ。大地に根を持っていないのに、どうして自分自身を信頼できるだろう？　信頼は、あなたが大地に深く根づいたときに訪れる。すると、何がやって来ようとも、あなたはそれに耐え、直面することができる。そして、他人にすがらなくなる——その必要はない。あなたは充分、独り立ちしている。

だから第一のステップは、もっと身体に根づくことだ。もっと身体を感じ、身体を動かすことを楽しみ、朝走ってみるといい。そして、自分の身体を楽しみ、走っているエネルギーを感じる。泳いでもいい。自分の身体、川、そして水の感触を楽しむ。軽く走り、踊り、太陽を浴び、空中でジャンプするのもいい。そして、身体を再び喜びに震えさせるのだ。

まず、こうしてごらん。できるだけたくさん深呼吸をする。ひとたび自分の身体に馴染み、再び自分の身体の中で生きるようになれば、問題は十中八九、消え去るだろう。

これは、人々を自分自身から遠ざけるために社会が用いてきた策略のひとつだ。社会はあなたを身体から切り離してしまった。そのため、あなたは機械の中の幽霊のようになっている。あなたは自分の身体の中にいるけれども、いない——ただ、まわりを浮遊しているだけだ。自分の手に友人の手を取っても、それは死んだ手の中の死んだ手にすぎない——何の感情も、詩情も、喜びもない。食べても、あなたは自分に詰め込むばかりで、味覚は失われている。眩《まばゆ》い存在を見ても、ありのままには見ない——あなたは冴えない色、灰色、くすんだ色を見る。音楽を聞いても、ただ音がすべっていくばかりで、音楽は失われている。

だから数ヶ月間、何でもいいから、身体に関わることを楽しみなさい——ランニング、ジョギング、遊戯、跳びはねること、踊り、歌、山の中で叫ぶこと。子供時代を呼び覚ましなさい！　そうすれば、自分が再び生まれるような感じがし始めるだろう。幼虫が蝶になるときと、まさに同じような感覚を感じるだろう。

3.肩こり、首の痛み

質問：私はビジネスマンですが、ビジネスの世界ではひどく肩がこります。医者は、それは心身相関的なものだと言い、鎮痛剤で治そうとするのです。

二、三のことが非常に大きな助けとなるだろう。ひとつ——はロルフィングまたは深層筋マッサージ、もうひとつは針だ。

痛みは消えるだろう——心配するには及ばない。いくつかのことを覚えておくといい。ひとつ。カナダの精神分析医であるハンス・セリエ医師は、生涯ひとつの問題について一筋に研究してきた――それはストレスだ。そして彼は、ある深遠な結論に達した。そのひとつは、ストレスは常に悪いものとはかぎらないということだ。ストレスは、すばらしい使い道がある。それは、あながち否定的なものではない。否定的にとらえ、良くないものと見なしたら、問題を生み出すことになる。ストレス自体は踏み石として使うことができ、創造の力にもなり得る。だが一般的に、私たちは長いことストレスは悪いものだと教わってきた。どんな種類のストレスにさらされても、私たちは恐れる。そしてその恐れが、ストレスをさらに強める。状況は改善されない。

たとえば、ビジネスの世界にはストレスを生み出している何かがある。この緊張、このストレスを感じた瞬間、そうなってはならないと恐れが生じる――「リラックスしなければ」と。このとき、リラックスしようとしても無駄だ。なぜなら、リラックスできないからだ。実のところ、リラックスする試みは、新たな種類のストレスを生み出す。ストレスはそこにあり、あなたはリラックスしようとするが、できない。だから、あなたは問題を複雑にしている。

ストレスがあるときは、それを創造的なエネルギーとして利用しなさい。まず、それを受け容れる。闘う必要はない。受け容れなさい。それは完全に申し分ない。それは「ビジネスがうまくいっていない、何かが間違っている」とか「お前は損をするかもしれない」などと言っているだけだ。ストレスとは、身体が闘う準備をしているしるしに他ならない。このとき、リラックスしようと試みたり、鎮痛剤や鎮静剤をとったりしたら、身体に背くことになる。身体はある状況に挑む用意をしている。何らかの挑戦がある。挑戦を楽しむことだ！

たとえ、ときどき夜眠れないことがあっても、心配する必要はない。それを理解し、湧き上がってくるエネルギーを利用しなさい。階段を昇り降りしたり、走ったり、長い散歩に出たり、やりたいこと望んでいることを計画したりするといい。眠ろうと試みるより —— それは不可能だ —— 状況を創造的に使いなさい。エネルギーは、ただこう言っている —— 身体には問題と闘う準備がある、リラックスしている場合ではないと。リラックスは後でもできる。

実のところ、全身全霊でストレスを生きたら、自動的にリラックスが訪れる。あなたが持ちこたえられるのは、さほど長くない。身体は自動的にリラックスする。途中でリラックスしたいと望むと、問題が生まれる。身体は途中でリラックスできない。それは、オリンピックのランナーが位置につき、笛や合図を待ち、スタートをきって風のように駆け出すようなものだ。走者はストレスに満ちており、今はリラックスしている場合ではない。鎮静剤などとったら、彼は競技で使いものにならなくなってしまう。あるいは、リラックスして超越瞑想でもしようものなら、すべてに負けてしまう。彼は、自分のストレスを利用しなければならない。ストレスは煮えたぎっており、エネルギーを呼び集めている。彼は、ますますエネルギッシュになり、可能性に溢れてきている。今はこのストレスに同調し、それをエネルギーや燃料として使うべきだ。

セリエは、こうした種類のストレスに新しい名前を与えた。彼はそれを多幸感——ユーフォリア（*euphoria*）のように、ユーストレス（*eu-stress*）と呼ぶ。それは肯定的なストレスだ。ランナーは、走り終えると深い眠りに落ちる。問題は解決された。もはや問題はまったくない。ストレスは自ずと消え去る。

だから、こんなことも試してみなさい。ストレスに満ちた状況のとき、過度に心配したり恐れたりしない。その中に入り、それを闘うために利用する。人は途方もないエネルギーを手にしており、利用すればするほど、さらに多くのエネルギーを手にすることになる。

ロルフィングも助けになるだろう。それは、あなたがリラックスするのを助けるのではなく、ただあなたの筋肉構造を変え、あなたをよりエネルギッシュにする。だから、ロルフィングを試してみるといい。

ストレスが訪れ、闘いの状況があるとき、できることは何でもしなさい。心から熱烈に、それに没頭する。それを許し、受け容れ、歓迎する。ストレスは良いものだ——それは、あなたが闘う準備を整える。そして、それを解決したら驚くだろう——無上のくつろぎが訪れる。そのくつろぎは、あなたが生み出したものではない。たぶん、あなたは2、3日眠れず、それから48時間、起きられないだろう。それで申し分ない！

私たちは、多くの間違った観念を持ち歩く。たとえば、人は1日8時間、睡眠をとらなければならないといったことだ。それは状況による。睡眠が必要ない状況もある。自分の家が燃えているのに眠ろうとする――さあ、そんなことは不可能だし、そうすべきでもない。さもないと、誰がその火を消すだろう？　家が燃えているときは、他の一切は脇に置かれる。あなたの身体は、とっさに火と闘う準備をする。眠気など感じない。火が消え、一件落着すれば、長い眠りに落ちるかもしれない。それでいい。

また、誰もが同じ量の睡眠を必要とするとはかぎらない。3時間、2時間で充分な人もいるし、4時間、5時間、6時間、8時間、10時間、12時間必要な人もいる。人々は異なる。標準はない。ストレスについても人それぞれだ。

世の中には二種類の人たちがいる――ひとつは競走馬とでも呼べるタイプ、もうひとつは亀タイプだ。競走馬タイプが、急ぐことや手早く物事をこなすことを禁じられたら、ストレスが生じるだろう。彼には彼なりのペースが与えられるべきだ。そして、もしあなたが競走馬タイプなら、くつろぎやそうした類《たぐい》のことは忘れてしまいなさい。それらは、あなた向きではない。それらは亀タイプの人向きだ。だから、ただ競走馬でありなさい。それがあなたにとって自然なことだ。そして、亀たちが楽しんでいる喜びに思いを巡らしてはいけない。それは、あなた向きではないのだから。あなたは別の種類の喜びを楽しめる。もし亀が競走馬になろうとしたら、同じ問題を抱えることになるだろう！

あなたはビジネスの世界から抜け出すこともできる。それは実にたやすい。マインドは「ビジネスの世界から抜け出せ、そんなことは忘れてしまえ」と言うだろう。だがそうすると、あなたは気分がすぐれなくなる。あなたは、もっとストレスが湧き起こるのを感じるだろう。なぜなら、自分のエネルギーを使っている感じがしないからだ。

だから、自分の本性を受け容れなさい。あなたは闘士であり戦士だ。そうあるべきであり、それがあなたの喜びなのだ。もはや恐れる必要はない。全身全霊でその中に入りなさい。ビジネスの世界と闘い、ビジネスの世界で競い、心から望むことを一つ残らず実行しなさい。結果を恐れることはない。ストレスを受け容れなさい。ひとたびストレスを受け容れたら、それは消え去る。しかもそれだけではなく、あなたはとても幸せになる。なぜなら、あなたはストレスを活用し始めたからだ。それは一種のエネルギーだ。

あなたが競走馬タイプなら、リラックスしなさいと言う人々に耳をかしてはいけない。それはあなた向きではない。あなたのくつろぎは、重労働をしてはじめて獲得され、訪れる。自分のタイプを理解すること。そうすれば問題ない。あなたは明確な道を辿ることができる。ストレスは、あなたの生きるすべとなるだろう。

4.ストレスに起因する病気

質問：私は頻繁に具合が悪くなりますが、自分が頑張りすぎるのと関係があると思います。そのとき私は、もはや自分のセンターとつながっていない感じがし、身体の具合が悪くなるのです。

誰もが、自分の身体の機能を理解するといい。自分の身体が許容できる以上のことをしようとしたら、いつか必ず具合が悪くなるだろう。

自分の身体に負荷をかけるには一定の限界があり、それは永久には続かない。あなたはハードに働き過ぎているのかもしれない。他の人にはハード過ぎるようには見えなくても、それは重要ではない。あなたの身体は、そんなに多くは許容できない――休息が必要だ。そして、最終的に結果は等しい。2、3週間働いて2、3週間休むより、毎日の仕事量を半分に減らして、6週間ずっと働く方がいい――簡単な算数だ。

自分の身体に負荷をかけるのは、とても危険だ。というのも、それは身体の繊細な部分を、数多く破壊し得るからだ――絶え間なく働き過ぎて疲れ果て、体調を崩し、ベッドに横たわって、すべてを呪うのは破壊的だ。スピードを落とし、ゆっくり動きなさい。そして多方面にわたってそうしなさい。たとえば、自分の歩き方をやめてみる。ゆっくり歩き、ゆっくり呼吸し、ゆっくり話す。ゆっくり食べてみる――いつもは20分なら、今度は40分にする。ゆっくり風呂に入ってみる

——いつもは10分なら、20分にする。そして、あらゆる活動を半分に減らす。

問題は、あなたの仕事だけではない。二十四時間すべてを変えることだ。何をするときも、スピードを半分に落とすといい。生活のパターンとスタイルをすべて変える。ゆっくり話し、読む速度さえも落す。なぜなら、マインドはすべてを特定の方法で行なう傾向があるからだ。

働きバチの人は、速く読み、速く話し、速く食べる。それは一種の強迫観念だ。何をしていても速いペースで行なう——たとえ、その必要がなくても。ちょっと朝の散歩に出たら、さっさと歩くだろう。どこへ行くわけでもない、ただの散歩だ。2マイル歩こうが、3マイル歩こうが、何の違いもない。だが、スピードにとりつかれた人は常にせわしない。それは自動的なものだ。自動的、機械的な振る舞いだ。

そこで今日から、すべてを半分に減らしなさい。ゆっくり立ち、ゆっくり歩く。すると、それは物事への深い気づきをもたらしてくれる。なぜなら、物事をきわめてゆっくり行なうと——たとえば手をゆっくり動かすと、手の動きによく気づくようになるからだ。手を速く動かすと、あなたは機械的に行なってしまう。

ペースを落したいなら、意識的にペースを落すことだ。他に方法はない。

それは能力の問題ではなく、スピードの問題にすぎない。誰にも自分なりのスピードがある。要は、自分のスピードで動くこと。それがあなたにとって自然だ。それは、能力とは関係ない。あなたは、これだけの動きでも充分に仕事ができる。しかし私が思うに、あなたはもっとできる。ひとたび自分にふさわしいリズムに至れば、あなたはもっと多くのことができるだろう。

忙しさにきりきり舞いすることもなく、すべてはスムーズに運び、あなたはより多くのことを達成できる。ゆっくり働く人もいるが、この種の遅さは、結果として独自の質をもたらす。そして実のところ、それらはより良い質だ。速く働く人は、量的には申し分ない。彼は量的により多くのものを生産できる。しかし質的には、さほど良いとは言えない。ゆっくり働く人は、質的にはより完璧だ。彼の全エネルギーは、質的な次元に入っていく。量は多くないかもしれないが、量は実のところ重要ではない。

わずかではあっても、本当に美しいことを完璧に近くできるなら、あなたはとても幸せで満ち足りた感じを覚える。多くのことを行なう必要はない。たとえひとつでも行なうことができれば、それはあなたに完全な満足を、充分なものを与えてくれる。あなたの生は満たされる。さもないと、たくさんやり続けていても、何ひとつあなたを満足させるものはなく、すべてがあなたに吐き気を催させ、あなたを病気にすることもある。そんなことに何の意味があるだろう？

基本的なことをいくつか理解するといい。固定的な人間の本性というものは存在しない。人間の本性は、人間の数だけある。だから基準などない。ある人は速く走り、ある人はゆっくり歩く。彼らを比較することはできない。二人とも別々であり、完全にユニークで、別個の人間だ。それを思い悩むことはない。比較してはいけない。たとえば、あなたは誰かが眠らずに大変なことをしているのを見かける。一方あなたは、少しばかり何かするけれど、眠らずにはいられない。そのためあなたは気が引けて、自分の能力は人並み以下だと考える。

だが、彼は何者なのか？　なぜ、あなたは自分と彼を比較しようとするのか？　あなたはあなた、彼は彼だ。もし、ゆっくり動くように強いられたら、彼は具合が悪くなるかもしれない。それは彼の本性に背いているからだ。あなたのしていることは、あなたの本性に背いているに違いない——だから、ちょっと自分の本性に耳を傾けてごらん。

常に、身体に耳を傾けなさい。それは囁いている。叫んだりはしない。というのも叫べないからだ。身体はとても小さな囁き声で、あなたにメッセージを送っている。あなたの注意が研ぎ澄まされていれば、それらを理解できるだろう。また、身体には独自の英知がある。それはマインドよりもずっと深い。マインドは未熟なものでしかない。身体は、マインドなしで何千年も存続してきた。マインドは、遅れて登場したにすぎない。マインドはまだ、あまり多くを知らない。基本的なことはどれも、依然として身体がコントロールしている。マインドに任されてきたのは、不要なものだけだ——すなわち考えること、哲学や神や地獄や政治について考えることだ。

　もっとも基本的な機能 ―― 呼吸、食物の消化、血液の循環は、身体のコントロールのもとに置かれている。一方で、贅沢なことだけがマインドに任されている。

　だから、身体に耳を傾けなさい。そして、決して比較してはいけない。あなたのような人はこれまで居たことはなかったし、これから先も再び居ることはないだろう。あなたはユニークだ ―― 過去、現在、未来において。だから、誰とも人柄を比較できないし、誰かを模倣することもできない。

5.内側から身体を感じる

質問：私はとても頭でっかちな人間ですが、最近、自分の身体とマインドが、いろいろ変化しました。私は、もっと内側から自分自身を感じるようになっています。ですが今、前の習慣に戻って、マインドに再び支配されるのを恐れています。どうしたら、もっと頭から身体へ移行できるでしょうか？

マインドに変化が起こると、必ず身体は即座に影響を受ける。それが真の変化だったら、あなたはきっと身体の奥深くでも、何かが変化しているのを感じるだろう。そして、身体の何かが変化している場合、再びマインドにとらわれるのを恐れる必要はまったくない。それは容易ではない。マインドだけが変化し、身体がそれを知らなかったとしたら、マインドは簡単に主導権を握れる。なぜなら、変化は表面に留まるからだ。身体は、あなたの根があるところだ。

身体は、あなたが大地に根を張るところだ。マインドは、空に伸びる枝と似ている —— それは一見すばらしいものに見えるが、すべては大地の暗闇深くに存在する根に依存している。根は自分を人目にさらしたり、姿を現したりしない。少しぶらぶら歩けば、あなたは枝や花を見かけるだろう。しかし、あなたは根には気づかない。

枝だけが変化して、根は影響を受けていないとしたら、その変化は長く続かない。しかし、根に影響が及んでいるなら変化は続くし、そのプロセスが簡単に覆《くつがえ》されることはない。だから心配しないでいい。身体に起こっている現象にもっと注意を払い、そして感じていなさい。

あなたは、身体の内側を感じている —— それは実にすばらしいことだ。身体に無感覚な人は大勢いる。大多数がそうだ。彼らは自分が身体の中にいることを完全に忘れている……幽霊のようなものだ。

身体の中にある自分自身の根を再発見することは、きっと新たな感覚に違いない。というのも、人間は根から完全に切り離されてしまったからだ。

身体は何千年にもわたって抑圧されてきた。一方、マインドには主《あるじ》という概念が与えられてきた。マインドこそすべてであり、身体は召使にすぎない —— 実のところ、身体は非難されるものであり、罪のようなものなのだと。

自分が身体を持っていることに、羞恥心を抱く人もいる。

だから、人々は裸になるのを恐れる。ひとたび裸になったら、あなたはマインドというよりも身体だ。衣服は、身体が存在しないかのような感覚を与えてくれる――顔、頭、目しか存在しない。マインドの全メカニズムは、そこに位置している。だから裸になると、自分が身体であることに突然気づく――そして、それはいい感じがしない。

自分の身体の中に留まりなさい。それこそが現実《リアリティ》だ。もっともっと感じてごらん……。身体が持ち得る、あらゆる繊細さを容認しなさい。それを再び獲得し、再生させ、より多くの変化を許し、身体の存在を感じられるようになりなさい。たとえば、ときどき目を閉じて大地に横たわり、身体で大地を感じる。考えてはいけない、感じてごらん。

川に行って、水の中、砂の中に横たわる。太陽を浴びて横たわる。もっと感じてごらん……敏感になってごらん。パンを食べるときは、まず手でそれを感じ、頬に当ててそれを感じ、臭いをかぐ。まず、身体にパンを理解させ、それから味わう……。目を閉じ、味覚をすみずみまで行き渡らせなさい。急いではいけない。ただ詰め込み続けてもいけない。楽しみ、よく噛みなさい――このパンは、あなたの身体になる。この機会を逃してはならない。このパンは、あなたの身体になり得る。だから、それを受け取り、歓迎してごらん。すると数ヶ月のうちに、あなたはまったく異なる身体になるだろう。

これまでとは違うマインド、違う態度で食べ、違う態度で水を飲むなら――そして常により敏感で、繊細であることを心がけるなら――やがてわかるだろう。自分の身体の、さまざまな部分が死んでいたと。あなたは息を吹き返す。あなたは眠れるライオンだった。今やそのライオンが戻ってきて、脚を広げ、身体を伸ばしているかのようだ。あなたは、生命が湧き起こる不思議な感覚を発見するだろう。それは、ほとんど復活に近い。

6.不　眠

質問：よく眠れません。いつも朝の3時から4時の間に目覚めてしまいます。

いつも3時から4時の間に目覚めるのかね？　だとしたら、それを瞑想の時間にしなさい。

常に、積極的な行為のために機会を利用しなさい。何事にも創造的でありなさい。眠れないのなら、強いて眠る必要はない。そもそも、眠りは強制できないものだ。眠りは、意図して行なえないエネルギーのひとつだ。意図的に行なったら、あなたは掻き乱されるだろう。眠りを強制しようと何かしたら、まさにその行為が障害となる。というのも、眠りは行為と逆で、無為の状態であるからだ。だから、何か努力をしたら——たとえばヒツジを数えたり、マントラを繰り返したり、あちらからこちらへ寝返りを打ったり、神の名を呼んで祈り始めたりしたら——そうしたことはすべて、あなたをいっそう目覚めさせる。そんなものは役に立たないが、人々はやり続けている。

私のアプローチは完全に異なる。第一に、眠気が去っているということは、あなたの身体が充分に休息していて、別の欲求があるということだ……。

「でも、私は疲れ切っている感じがします」

それは、あなたのマインドだ。あなたの身体とは関係ない。よく眠れていないという、まさにその思いがあなたを疲れさせる。本当は睡眠不足なのではない。なぜなら、身体の仕組み、身体の組織には、独自の英知があるからだ。たとえば、あなたが食べているとしよう。すると身体が「もう充分！」と言う。でもあなたは言う「私は痩せていて貧弱だから、もっと食べないと」。それは間違いだ。あなたは、自ら問題をつくり出している。あなたは食べることができる。もう少しばかり強制でき、詰め込める。しかし、身体の組織にはその用意がなく、食物を受け付けないだろう。

まったく食べる気がしない日もある。しかしマインドは、食べないなら弱ってしまうぞと言う。1日で弱ってしまう人はいない。身体が食べたくないと感じているなら、それに耳を傾けた方がいい。身体の方がよく弁《わきま》えている。身体には、今食べるのは危険だという本能的な認識がある。たぶん、腸内で何らかの営みが行なわれていて、あなたが食物を取り入れる前に、身体は腸内を掃除したいのだろう。何らかの毒素が入り込んだのかもしれない。あなたはすでに食物を取り込み過ぎ、身体は食物の処理を終えられずにいる。もうこれ以上の仕事は必要ない。さもないと、全メカニズムはパンクし、処理不能になってしまう。だから身体は言う、「食事はいらない、食欲がない」と。食欲がないというのは身体の言葉だが、あなたにとっては象徴《シンボル》にすぎない。身体は言葉を話せない――「ストップ！」とは言えない。食欲がないというのは象徴だ――身体の象徴だ。身体は「食べてはダメ！」と言っている。でも、あなたはマインドで、1日に少なくとも2回か3回は食べなければいけない、さもないと弱ってしまうと思っている。そして食べ物を詰め込み続ける。あなたは食欲がないから、偽の食欲をつくり出そうとする。偽の食欲をつくり出すために、食事にもっとスパイスを入れたり、かねがね食事をしたいと思っていた店に行ったりする。あなたは身体を騙そうとしているが、それは愚かなことだ！

睡眠についても同じだ。眠りにつき、3時か4時に目が覚めるとしたら、それは身体が休息をとったということに他ならない。身体の眠りは終わったが、今度はマインドが問題をつくり出している。そこで、そうした時間を活用しなさい。ただ、そこに静かに横たわり、夜の静寂を楽しんでごらん！眠りが破られて掻き乱されるより、この瞬間を瞑想として楽しむといい。起きる必要はない。ただベッドの上に横たわり、休息する。ただし、耳を傾けなさい……そこには夜の音がある、夜の静寂《しじま》が。車の行き交う音がするが人々はいない――誰もが眠っている。すばらしいことだ！　あなたは独りきりで――ほとんど山中にいるかのように――暗闇と共に、人を沈静させる暗闇と共にある。それを楽しみ、その楽しみの中にくつろぎなさい。

要点がわかるかな？　さもないと、あなたは苦しむ――また眠りが破られてしまったと。明日もまた疲れて心労を抱え、緊張と苦悩と危惧があるだろう。これらが、またしてもあなたを眠らせない。

積極的な見方をしなさい。この時間を活用してごらん。夜や夜の音と波長を合わせ、楽しみなさい！　そこには途方もない美しさがある。すると、いつの間にか再び眠りに落ちるだろう……。だが、それは副産物であり、副産物でしかあり得ない。夜の音に耳を傾けることに没頭すると、あなたは再びゆっくりと眠りの中にすべり込む――どんな意志にもよらずに。

また、私は眠るために瞑想すべきだとは言っていない――決して。「～のために」や、「～だから」はない。私は、楽しみなさいと言っているだけだ！　すると突然、眠りが起こったことに気づくだろう。しかし、眠りが起こるか否かは重要ではない。眠りが起こればそれでいいし、起こらなくてもまったく申し分ない。ほんの3週間でもそうすれば、疲労はすっかり消え去るだろう。それはマインドの産物だ。あなたは朝っぱらから、自分は疲れているという思いを持ち運んでいる。当然、あなたはますます疲れていくだろう。あなたはすべてを恐れ、あらゆる参加を恐れるようになる。すでに疲れているのだから、こんなことをしたらもっと疲れてしまう、というわけだ。あなたは、自分のまわりにノイローゼを生み出している。

睡眠や食事に関しては、すべての人が異なる生理的欲求を持っている。ある人は8時間眠り、またある人は10時間眠る必要があり、6時間だけでいい人や、ほんの4時間で充分な人もいる。そしてときには、ほんの2、3時間でいい人々もいる。

私の実父は、3時以降は眠れなかった。11時頃には寝るから、せいぜい3、4時間しか眠っていなかったことになる。母はいつも心配していたが、私は父に、座って瞑想するといいと言った。そこで、彼は3時から座った。それは、彼にとって神聖なるものへの扉となった。何年もの間、彼は3時から7時まで座った……しかも、ほとんど彫像のようになり、自分の身体を忘れていた。

それは彼の生涯で、もっとも貴重な経験となった――不眠がそれを授けてくれた。3時までには彼の疲れは消えていた。彼のメカニズム、身体の機能の仕方がそうだったのだ。はじめは彼も眠ろうとしていた。それは苦しいことだった。というのも眠りは訪れず、眠ろうとすると疲れてしまうからだ。朝になる頃には、彼はイライラしていた。もし毎晩のように3、4時間、眠ろうと苦心しても眠りが訪れなかったら、イライラせずにはいられない。しかし、瞑想に出会ってからというもの、イライラはすべて消え去った。しかもその時間は、彼にとってもっとも価値ある時間となった。彼は待ち望むようになった。二十四時間、そのことを思っていた。その時間は、もっともやすらぎに満ちていたからだ。彼は時間を正しく使った。

7.緊張とくつろぎ

質問：私は多くの緊張やストレスを感じます。どうしたら、もっとリラックスできるでしょうか？

表層からリラックスし始めなさい——そこが私たちのいる場所だ。私たちは、自分のいる場所からしか始められない。あなたの存在の表層をリラックスさせなさい——身体をリラックスさせ、所作をリラックスさせ、行為をリラックスさせる。リラックスして歩き、リラックスして食べ、リラックスして話したり聞いたりする。すべての過程のペースを落しなさい。急いではいけない。慌てて行動してもいけない。まるで永遠なるものが、そっくりあなたに用意されているかのように動きなさい——実のところ、それはあなたに用意されている。私たちは最初からここにいて、まさに最終までここにいるだろう——もし始めと終わりがあるとしたらの話だが。実のところ、始まりもないし、終わりもない。私たちは、ずっとここにいた。これからもずっと、ここにいるだろう。形は変わり続けるが、実存は変わらない。覆いは変わり続けるが、魂は変わらない。

緊張とは、性急さ、恐れ、疑念のことだ。緊張とは、防御し、安定し、安全であるための、たゆまぬ努力を意味する。

緊張とは、明日のため、あるいは来世のために、今から準備をすることだ。あなたは、明日は現実に直面できないだろうと恐れる。だから準備をしないといけない。緊張とは、真に生きられぬまま、何とか迂回したにすぎない過去のことだ。それはあなたにぶらさがり、あなたを取り巻いている——それは遺物だ。

ひとつ、生に関する非常に根本的なことを覚えておきなさい。生きることのできなかった体験は、あなたの周囲にぶらさがり、繰り返し主張する——「私を終わらせてくれ！　私を生きてくれ！　私を完結させてくれ！」と。体験というものは、終了され完結されることを望む傾向がある。すべての体験には、そうした質が内在している。ひとたび完結されたら、それは蒸発する。完結されないと、繰り返し主張し、あなたを傷つけ、化けて出て、あなたの注目を引こうとする。「私のことをどうするつもりだ？　私はいまだに完結していない——私を終わらせてくれ！」と言って。

あなたの過去のすべては、何ひとつ完結されぬまま、あなたの周囲にぶらさがる。なぜなら、どれひとつ真に生きられたことがなかったからだ。すべては何とか迂回され、ほどほどに、ぬるま湯につかりながら、部分的に生きられたにすぎない。熱烈さや情熱はなかった。あなたは夢遊病者——眠りながら歩く人のように動いていた。このように過去がぶらさがり、未来は恐れをつくり出している。そして過去と未来の狭間で、唯一の現実であるあなたの現在が押し潰されている。

表層からリラックスするといい。最初のステップは、身体をリラックスさせることだ。覚えておきなさい、できるだけ頻繁に身体を見つめ、身体のどこか――首、頭の中、脚などに、緊張がないかどうか確かめる。もし緊張があるなら、意識的にリラックスさせる。身体のその部分に行き、その部分を説得するだけでいい。やさしく、「リラックスしてごらん！」と言うといい。

すると、あなたは驚くだろう。身体のどの部分にはたらきかけても、それは言うことを聞き、あなたに従う――それはあなたの身体なのだ！　目を閉じて、つま先から頭に至るまで、緊張のある場所を探しながら、身体の内側に入りなさい。そして、友人に話しかけるように、その部分に話しかける。あなたとあなたの身体の間で対話をする。身体にリラックスしなさいと言いなさい――「恐れるものなんて何もないよ。怖がることはない。私がここにいて、あなたを大事にしてあげるからね。あなたはリラックスしていいんだよ」と言いなさい。ゆっくり、ゆっくりと、あなたはコツを会得していくだろう。すると、身体はリラックスする。

そうしたら、もうひとつのステップに移り、もう少し深く進む。マインドにリラックスしなさいと言いなさい。身体が言うことを聞くなら、マインドも言うことを聞く。だが、マインドから始めることはできない――一番最初から始める必要がある。多くの人が、マインドから始めて失敗する。失敗するのは、間違ったところから始めるからだ。すべては正しい順序で行なわないといけない。

身体を自発的にリラックスさせられるようになれば、あなたはマインドが自発的にリラックスするのを助けられるようになる。マインドは、より複雑な現象だ。ひとたび身体は自分の言うことを聞いてくれるという自信を得たら、自分自身への新たな信頼を手にするだろう。今や、マインドさえもあなたの言うことを聞いてくれる。マインドに関しては少し時間がかかるだろうが、それは起こる。

マインドがリラックスしたら、ハートをリラックスさせなさい——そこは、あなたの感覚と感情の世界であり、さらにもっと複雑で微妙なものだ。しかし今や、あなたは信頼を抱き、自分自身に対する確固とした信頼を抱いて進む。今では、それが可能だとあなたは知っている。身体やマインドに関して可能なら、ハートに関しても可能だ。そして、この三つのステップを通り抜けたとき、そのとき初めて四番目のステップに踏み出すことができる。今やあなたは、自らの実存のもっとも内なる核に至れる。それは、身体、マインド、ハートを越えたものだ。あなたは、自分の存在のまさに中心に至れる。そして、それをもリラックスさせることができる。

するとそのくつろぎは、大いなる喜び、究極の法悦《エクスタシー》、受容を確実にもたらしてくれる。あなたは至福と歓喜にあふれる。あなたの生は、ダンスの質を帯びるだろう。

人間を除いて、全存在は踊っている。全存在は、とてもリラックスしながら進んでいる。動きはあるが、それは完全にリラックスしている。木々は成長し、鳥たちはチュンチュンさえずり、川は流れ、星は動いている。すべては、とてもリラックスしながら起こっている。急ぐことも、慌てることも、心配することも、無駄もない。人間だけが例外だ。人間は、自らのマインドの犠牲者になってしまった。

人間は神より上に昇ることもあるし、動物より下に落ちることもある。人間の可能性の幅は実に大きい。最低から最高に至るまで、人間は梯子のようなものだ。

身体から始め、次にゆっくりゆっくりと、より深く進みなさい。最初の問題を解決しないうちに、別のことを始めてはいけない。身体が緊張しているなら、マインドから始めてはいけない。待ちなさい。まず、身体に取り組むこと。覚えておくといい、小さな事柄が途方もなく役に立つ。

あなたは特定のペースで歩く。それは習慣になり、自動的になっている。さあ、ゆっくり歩いてごらん。仏陀はよく弟子たちに言っていた。「ごくゆっくりと歩きなさい。ごく意識的に一歩一歩を踏み出しなさい」。一歩一歩をごく意識的に踏み出すなら、必然的にゆっくり歩くことになる。もし走ったり、急いだりしたら、意識的に行なうことを忘れてしまうだろう。だから仏陀は、ごくゆっくり歩きなさいと言った。

とてもゆっくり歩いてみてごらん。すると驚くだろう——新しい気づきの質が、あなたの身体に芽生え始める。ゆっくり食べてごらん。するとそこに、大いなるくつろぎがあるのを発見するだろう。あらゆることをゆっくり行なう……。古いパターンを変え、古い習慣を捨てなさい。

まず、身体は幼い子供のように完全にリラックスする必要がある。そうしてやっと、マインドについて始めることができる。科学的に進むといい——最初はもっとも単純なものから始め、次に複雑なもの、最終的にはより複雑なものへと。そうしてはじめて、究極の核をリラックスさせることができる。

くつろぎは、もっとも複雑な現象だ——実に豊かで、多次元に渡る。これらはすべて、くつろぎの一部分だ。

ゆだねること《レット・ゴー》、信頼、明け渡し、愛、受容、流れと共に進むこと、存在との合一、無自我、法悦《エクスタシー》。これらはすべて、くつろぎの一部であり、くつろぐすべを身に付ければ起こり始めるものだ。

いわゆる宗教的信条は、あなたをとても緊張させてきた。なぜなら、それらはあなたの中に罪悪感を生み出してきたからだ。ここでの私の努力は、あらゆる罪悪感、あらゆる恐れを、あなたに捨てさせることだ。言わせてほしい——地獄はないし、天国もない。だから、地獄を恐れてはいけない、天国に対して貪欲になってもいけない。存在するのは、この瞬間だけだ。あなたはこの瞬間を、地獄にも天国にもできる——それは確実に可能だ。もっとも、天国や地獄は他のどこかにあるわけではない。あなたが緊張だらけになると地獄があり、あなたが完全にリラックスすると天国がある。全面的なくつろぎは楽園《パラダイス》だ。

8.身体に対する否定的な感情

質問：私は自分のことが好きではありません。特に自分の身体が。

身体について、こうあるべきという一定の観念を持っているなら、あなたは苦しむだろう。身体は、あるべきようにある。この身体こそ、あなたの持ち物であり、神があなたに授けたものだ。身体を使い、楽しんでごらん！　身体に好意を抱き始めたら、身体が変化するのに気づくだろう。なぜなら、自分の身体に好意を抱けば自分で身体を気づかい、その気づかいはすみずみに行き渡るからだ。気づかえば、不必要に食物を詰め込まなくなる。気づかえば、身体を飢えさせたりしない。身体の要求に耳を傾け、その気配に耳を傾ける――身体は何を望んでいるのか、いつそれを望んでいるのか。気づかい、愛するとき、あなたは身体と調和する。すると、あなたの身体の問題は自動的に解消する。自分の身体を好きでないとしたら、問題が生じる。なぜなら、次第にあなたは自分の身体に無関心になり、無頓着になるからだ。誰が敵に構うだろう？　あなたは身体を見ようとしなくなり、避けるようになる。身体のメッセージに耳を傾けるのをやめ、身体をさらに毛嫌いするようになる。だが、問題全体をつくっているのは、あなたなのだ。身体は決して問題をつくらない。問題をつくるのはマインドだ。さあ、これはマインドの観念だ。自分の身体のイメージに問題を抱える動物はいない。

そんな動物はいない。たとえ、カバであっても！　彼らは完全に幸福だ。それは、否定的な考えを生み出すマインドがないからだ。そうでないなら、カバは思うかもしれない、「なぜ私はこんな姿なのか？」と。動物には、そのような問題はない。

ただ、理想を捨てなさい。自分の身体を愛しなさい――これがあなたの身体であり、これが神からの贈り物だ。身体を楽しみ、気づかうといい。気づかうと、あなたは運動をしたり、食べたり、眠ったりする。あなたは、ありとあらゆる気づかいをする。身体は自分の道具だからだ。ちょうど、あなたの車のようなものだ。あなたは車を掃除し、車に耳を傾け、その唸りを聞き漏らさない。こうして、調子の悪い箇所があるかどうかがわかる。車体が小さな傷を負っても、あなたは気づかうだろう。ちょっと身体を気づかってごらん。すると、身体は完全に美しくなる――それは美しい！　身体は実に美しいメカニズムであり、しかも非常に複雑だ。身体はたいそう効率よくはたらくので、70年も機能し続ける。あなたが眠っていても起きていても、気づいていてもいなくても、身体は機能し続ける。しかも、その機能する様《さま》はとても静かだ。あなたが気づかわなくても、身体は機能し続ける。あなたのために仕え続ける。人は身体に感謝した方がいい。

ちょっと、あなたの態度を変えてごらん。すると6ヶ月もしないうちに、身体の形が変わるのに気づくだろう。それは恋愛のときとよく似ている――あなたは、彼女が突然美しくなるのがわかるだろう。それまで、彼女は自分の身体を気づかってこなかったかもしれない。しかし恋愛が始まると、彼女は気づかうようになる。彼女は何時間も鏡の前に立つ……誰かが彼女を愛しているのだから！　あなたが自分の身体を愛するとき、同じことが起こる。自分の身体が変わり始めるのがわかるだろう。身体は愛され、気づかわれ、必要とされている。それは、とても繊細なメカニズムだ――人々は身体を粗野に、乱暴に扱っている。ちょっと態度を変えて、違いを見てごらん！

9.美　醜

質問：私は、自分がとても醜いという感じを抱き続けています。どうも私は、友人や出会う人たちに、私に目を向けるのはイヤだという催眠術をかけているようです。

マインドは不必要な問題をつくり続ける。しかしながら、根拠のない問題をつくることが、マインドの機能のすべてだ。そして、ひとたびマインドが問題をつくり出すと、あなたはそれにとらわれ、解決しようとする。解決しようとしてはいけない。ただ、それらに根拠がないことを理解しなさい。完全に的外れなのを理解する――それだけのことだ。何かし始めたら、あなたは問題を容認してしまう。ただ、それが的外れであることを理解しなさい。

　すべての顔が美しい。すべての顔がそれぞれに美しい。すべての顔は異なり、どの顔もユニークだ。実のところ、比較も比較の可能性もない。あなたがこのことを認めたら、あなたは美しくなるだろう。受容を通して、美しさが芽生える。あなた自身が否定し、拒絶したら、あなたは不具になり、醜くなるだろう。さあ、そこには悪循環がある。

まず、あなたは拒絶する。あなたは受容しない――すると、あなたは醜くなる。すぐに他人もその醜さを感じ始め、あなたは「そのとおり、それは本当だ。私の考えは筋が通っている」と言う。こうして、あなたは自分自身をさらに拒絶する。これこそ、マインドが自己満足を続けるからくりだ。そして、ひとたびあなたが最初のステップを踏み外すと、すべてマインドが予言したとおりになる。最初のステップとは、自分は自分であるということだ。

美に基準はない。実のところ、ほぼ5千年にわたって哲学者たちは美を定義しようとしてきた。そして、いまだ定義できていない。なぜなら基準がないからだ。ある人は誰かにとっては美しいが、別の人にとっては美しくない。もっとも美しい女性ですら、ある人にとっては醜く見える。それは完全に個人の選択だ。

だから基準はない……そして、服の流行のように基準は変わる。たとえばインドでは、大きな胸と大きな尻をしていない女性は、美しいと思われない。今日の西洋では、大きな尻はほとんど消え失せ、胸もどんどん小さくなってきている。異なる美の概念が生まれている。

そしてどんな概念であれ、身体はそれを実現する。理解しておくといい、ある国で大きい胸が美しいとみなされると、女性は大きな胸をつくり出す。

一般に、小説や詩や文学は社会を反映すると言われている。しかし、それは逆向きにも作用する。小説や詩や文学が社会をつくることもあるのだ。ひとたびあなたがある種の想念を抱き、それが人々のマインドに入り込むと、それは作用する。

この人は美しく、この人は美しくないといった基準はない。それは個人の好みであり、実のところ気まぐれなものだ。しかし、そもそも自分自身を受け容れないとしたら、あなたは誰もあなたのことを受け容れない状況をつくり出している。なぜなら、自分が受け容れないとしたら、他人にも受け容れさせないからだ。

あなたが女性で、ある男性があなたに恋をしたら、あなたはその愛を壊そうとするだろう。あなたは言う、「よくこんな醜い婆さんに恋ができるわね？」と。あるいは、その男性の美意識はかなり奇妙だと思うだろう。自分自身を愛さないなら、他人もあなたを愛せない。だからまず、誰もが自分自身に恋をするといい。

イエスは言う、「神を愛しなさい。隣人を自分のように愛しなさい」。それが基本的な教えだ。もし自分自身を愛するなら、あなたは隣人を愛することができるし、神を愛することができる。ただし基本となる戒律は、自分自身を愛せよということだ。

自分自身を愛し、自分自身に満足していられるなら、あなたは多くの人々を惹きつけるだろう。自分自身を愛する女性は美しいに違いない。美しいはずだ。彼女は自分自身への愛の中から、美を生み出す。彼女は優美で、気品ある人になる。

10.偽の美しさ、真の美しさ

質問：美しさとは何でしょうか？

内面の美こそ、存在する唯一の美しさだ。他の美しさはすべて、皮相なものにすぎない。しばらくは自分を騙せるが、遅かれ早かれ他の美しさは擦り減り、人は完全な醜さの中に取り残される。それは、真の美しさを磨かなかったからだ。真の美しさとは、顔立ちとは関係のない、内面から来る輝きだ。それは目の形とは関係ない。むしろ目を通して輝き出す光だ。それは身体とは関係ない。むしろ身体を通して波打つ内側の臨在だ。真の美しさは、あなたの実存の核で芽生え、身体に向かって外側へ広がって行く。偽の美しさは、表面にあるだけだ。それはあなたの中に根を持たず、根づいていない。

覚えておきなさい、人は真の美しさを求め、探求していかねばならない。そして真なるものは永遠であり、持続する。ひとたびそれを見つけたら、あなたは永遠にそれを発見したということだ。一時的なものは時間の浪費にすぎない——一種の夢だ。しばらくは夢に夢中でいられるが、目覚めればたちまち、それはすべて馬鹿げて愚かなものであることがわかるだろう。

11.加　齢

質問：助けてください！　私は歳をとっていきます！

自分自身の身体に好感を抱くことは、途方もなく人生の助けになる。それはあなたをより健康的に、より全体的にするだろう。多くの人が自分の身体を忘れてしまっている。彼らは身体に無関心になり、身体は服の下に隠し、常に覆いをかけられるべきもので、人目にふれてはならぬもの、卑猥で不純なものだと考える。まったく馬鹿げた考えであり、神経症的な考えだ。

身体は美しい。身体は、老いも若きも問わず美しい。もちろん、若者には若者なりの美しさがあり、年配者には年配者なりの美しさがある。

若い身体は、より活力に満ちている。年老いた身体は、より知恵がある。それぞれの年代に、独自の美しさがある。それらを比較する必要はない。特に西洋では、老いた身体は実におぞましいという概念ができてしまっている。どういうわけか、生は若さと同じ意味だと考えられているからだ。それは馬鹿げた話だ。その点、東洋の方が優れている。東洋では、生は老いと同じ意味だと考えられている。なぜなら老人はより長く生き、より多くの経験を積み、より多くの愛をそそいできたからだ。老人は人生のさまざまな季節を、浮き沈みを知っている。老人は、青年期を生きたことがある。若者は、まだ老境を生きてはいない。

年老いた身体は、あらゆる体験、心の傷、精神的痛手、円熟した体験を通して訪れる品格を備えている。そしてどの年代であれ、ひとたび自分の身体にくつろぎ、慈しみ始めるなら、あなたは突然、身体が再び美しくなるのを感じる。そして、それは内側のさまざまなものを解き放つ。

12.不感症

質問：私は性的な問題を抱えています……自分が悪いと思うのですが、男性とセックスをするとき、私はいつも楽しんでいるふりをしてしまうのです。

人は、ある日セックスを超越しなければならない。だが超越するには、それを通り抜けることだ。その中に正しく入っていかないなら、セックスを超越するのは難しい。だからセックスを通り抜けることは、超越することの一部だ。セックスを楽しめない人々は、そうした態度を教えられ、条件づけられてきたのかもしれない。

世界の至るところで、人間によって人間性が損なわれている——もっともひどく傷つけられた点は、どの人も自分自身にくつろぐことに罪悪感を覚えるよう、教え込まれていることだ……まるで幸せではいけないかのように。苦しんでいれば万事申し分ないが、幸せなら何かが間違っている。こうして幸福は押し潰され、抑圧されてきた——しかし、弾けんばかりの幸福感に達することがないとしたら、あなたは生の機会をすべて失う。

人は完全に幸せになるすべを学び、弾けんばかりの幸福感に達するすべを学ぶ必要がある。生はその目的のために存在する。

確かにセックスは、あなたが弾けるもっとも大きな可能性をもたらしてくれる。セックスは、三昧《サマーディ》や深い瞑想や祝福を一瞥するための、もっとも自然な方法のひとつだ。祝福に至るには別の方法もあるが、それほど自然ではない。セックスは、もっとも自然な方法だ —— それは生物的に埋め込まれている。セックスは神からの贈り物だ。だからどの人も —— 宗教的でも反宗教的でも、ヒンドゥー教徒でもイスラム教徒でも、神の存在を信じようと信じまいと、共産主義者でも無神論者でも、どんな人でも……。このひとつのことが、超越したもの —— 身体を超越し、マインドを超越したものへの一瞥を自然な形で与えてくれる。

そこで女性として心に留め、試みるべきことが三つある。第一に、愛を交わしているときは能動的であること。能動的でないなら、あなたの感じている困難が起こりやすくなる。能動的なら、困難はそう簡単には起こらない。あなたのボーイフレンドに言いなさい —— あなたは女性の役をして、私が男性の役をすると。それをゲームにしなさい。彼をもっと受動的にし、あなたはもっと能動的になる。より能動的になると、行為はより熱を帯び、あなたのエネルギーはより集中する —— 途中でやめるのは難しい。しかし、あなたが受動的なときは、いつでもやめられる。というのも、あなたはほとんど部外者だからだ。あなたは傍観者のようだ。そうではなく、もっと能動的になりなさい。そして、これは一時的な手段にすぎない。ひとたびオーガズミックな体験に到達すると、続ける必要はなくなる —— あなたは女性としての、今まで通りの役に戻ればいい。

では、第二点——愛を交わす前に、一緒に踊りなさい。

ワイルド・ダンスがいい。大声で歌い、踊り、かけたかったら音楽をかける。部屋に香を焚きなさい。それを入念な儀式にする……ほとんど宗教的な。

人々は、段階を経ながら愛を交わすことへ向かおうとしない。二人の人間が座っていて、突然、愛を交わし始める。特に女性にとって、それは唐突なことだ。男性にとっては、さほど唐突ではない。というのも、男性のエネルギーは異なり、その性は局部的だからだ。女性の性はもっと全体的だ。全身がそれに巻き込まれる必要がある。だから前戯がないと、女性はその中に深く入っていけない。

まず踊り、歌い、エネルギーを沸き立たせ、そして能動的なパートナーでありなさい。そして野性的《ワイルド》になる！　パターン化してはいけない —— ただワイルドになる。愛を交わしている最中に叫びたくなっても、心配しなくていい。歌いたくなっても、心配しなくていい。何か意味不明の言葉を発したくなったら、発しなさい —— それはマントラのように働くだろう。

そして最後に第三点。毎日、朝から晩まで注意を払いなさい —— 自分の喜びを抑圧しているに違いない他の事柄に。それもすべて変える必要がある。食べるときは、喜んで食べなさい。なぜなら、すべては互いに連結し合っているからだ。踊っているときは、そこに喜びがあるべきだ。瞑想しているときも喜びなさい。人と話しているときも喜び、光り輝き、流れていなさい。道を歩いているときも喜びなさい。私たちはたいてい、自分がどれほど多くのことを逃しているかを知らない。ただ道を歩くというありふれたことでも、とても多くの喜びをもたらす。誰にわかるだろう？　次の日はないかもしれないのだ。明日になったら、道を歩けないかもしれない。明日になったら、太陽を受けてそこにいないかもしれない。そこには風が吹いているが、あなたはいないかもしれない。明日のことなど誰にわかるだろう？　これが最後の日かもしれないのだ。だから、あたかもこれが最後になるかのように、常にすべての瞬間を喜びなさい。その全体を経験し、それを完全に搾り取り、何も残さないように。このようにして、人は強烈に情熱的に生きる。そしてセックスは、あなたの全面的な態度の副産物にすぎない。だから、性的体験だけを変えることはできない。すべては互いに連結し合っている。だから、すべてを変えることだ。

喜びに満ちて食べてごらん！　身体にただ詰め込むために食べ続けてはいけない――楽しんでごらん！　それは神聖な事柄だ。歩くことも楽しんでごらん。それは神からの贈り物だ。人は感謝した方がいい。誰かと話しているときは、会話を楽しんでごらん。

この瞬間から、表面的にはセックスと無関係なことも楽しみ始めなさい。他のことを楽しんだら、最終的な結果として、あなたはセックスも楽しむだろう。他のことを楽しまないなら、あなたはセックスも楽しまないだろう。

私の観察によると、セックスへの態度というのは非常に象徴的だ。それは、あなたの人生すべてを表している。だから、セックスを楽しんでいないとしたら、あなたは他のことも楽しんでいないだろう。もしくは、ある程度までしか楽しんでいないだろう。幸福や喜びを恐れる人は、常に多くのことを恐れる。

この三つのことをやって、3週間後に私に報告しなさい。

3週間のワイルド・ライフを楽しむ。人間性などすべて忘れ――動物に、純粋な動物になりなさい。すると、あなたは実にたやすく人間になれる。だが動物になるには、さまざまな物事に深く入っていかねばならない。

真の動物でないなら、真の人間にもなれない。そして真の人間でないなら、神聖なる存在にはなれない。

すべてには階層《ヒエラルキー》がある。動物は寺院の土台であり、人間は寺院の壁、神格は屋根だ。そして屋根は、土台がなくては存在できない。屋根があっても壁がなければ、屋根もまた存在できない。人間は三階建ての建物だ。一階は動物、二階は人間、三階は神性だ。だから最初から、まさに一番最初から始めてごらん。そして、土台の石を敷くのだ。

13.インポテンツ

質問：女性と愛を交わすとき、いつもインポテンツの恐怖が湧き起こるのですが。

西洋的な態度は、常に何かを起こし、何かを行なおうとする！　しかし「行なう」ことのできない物事がいくつかある。そのところで、西洋はひどく狂奔してしまう！

睡眠とセックス——これらは「行なう」ことのできないものだ。だから西洋は、睡眠不足つまり不眠症で非常に苦しんでいる。セックスについても、また然りだ。自分は本来あるべきようにセックスを味わっていないのではないかと、誰もが心配している。オーガズムが訪れない、あるいはごく一部でしかない、あるいはオーガズムが熱を帯びていない、あるいは全面的でないというように。また、眠りの質も良くない——夢を見すぎる。何度も目覚めたり、眠りが訪れるまで何時間も待たねばならなかったりする。人々は眠りを誘おうと、ありとあらゆること——精神安定剤、トリック、マントラ、超越瞑想を試みている。

また、セックスについても心配し過ぎている。まさにその心配、何とかしようとするまさにその努力が問題なのだ。

セックスは起こるものだ。為すべきものではない。そこで、セックスへの東洋の態度、タントラの態度を学ぶといい。タントラの態度とは、相手に対して愛情に満ちていることだ。計画する必要はない。頭で予行練習する必要もない。特別に何かをする必要はなく、ただ愛情に満ち、オープンでいる。お互いのエネルギーで戯れ続けるといい。そして愛を交わし始めるとき、それを大袈裟なものにする必要はない。さもないと、あなたは偽りを装うことになり、相手も同じことになるだろう。彼女は愛情深いふりをし、あなたも愛情深いふりをする……そして二人とも満足しない！　ポーズは不要だ。

愛を交わすことは、とても静かな祈りだ。それは瞑想だ。それは神聖なもの――聖なるものの中でも、もっとも聖なるものだ。だから、女性と愛を交わしている間は、ごくゆっくり行ない、味わい、そのあらゆる香りを吸収しなさい。ごくゆっくり行なうこと。急がない、急ぐ必要はない。時間はたっぷりある。

そして愛を交わしている間は、オーガズムのことは忘れなさい。それより、女性と共にリラックスした状態でいること。互いにリラックスしなさい。西洋人のマインドは絶えず考えている――いつオーガズムはやって来るか、どうしたらそれをもっと早くすばらしいものにできるかといったあれこれを。その思考活動が、身体のエネルギーが機能するのを妨げている。それが、身体の独自なやり方を妨げている。マインドは干渉し続ける……。

相手と共にリラックスしなさい。何も起こらないとしても、何かを起こそうとする必要はない。何も起こらないとしたら、それこそが起こっていることだ……それもまた、すばらしい！　オーガズムは毎日のように起こる必要はない。セックスとは、ただ共に在ること、ただ互いの中へ溶け込むことであるべきだ。そうすれば、相手の中にリラックスしながら、30分でも、1時間でも愛を交わし続けることができる。すると、あなたは完全なマインド不在の状態になる。なぜなら、マインドは不要だからだ。マインドが不要なところでは、愛こそ唯一のものだ。そして、それが西洋の間違っている点だ。西洋は、そこにさえもマインドを持ち込む！

だから、互いの中にリラックスし、マインドのことは忘れなさい。相手の存在そのものを楽しみ、出会いを楽しみ、その中に我を忘れる。そこから何かを生み出そうとはしない。何もつくり出すものはない。するとある日、谷間のオーガズムがあるだろう。頂上はない。あるのはくつろぎだけだ。しかし、それには独自の頂《いただき》がある。なぜなら深みがあるからだ。ある日、身体は頂上のオーガズムへの引き金を引く。頂上もまた訪れる。あなたは、ただそこにいるだろう。

ときには谷間があり、ときには頂上がある……それはリズムだ。毎日のように頂上を得ることはできない。頂上しか得ないなら、その頂上はたいしたものではないだろう。頂上は、谷間に行くことによって獲得しなければならない。だから、それは半々だ。ときにそれは谷間のオーガズムであるだろう。そのときは谷間の暗闇の中に、涼しさとやすらぎの中に失われなさい。それが頂上を獲得する方法だ。ある日、エネルギーの準備が整う。それは自ら頂上へと向かう。あなたがそれを連れていくわけではない。どうして、あなたにそんなことができるだろう？　あなたは何者なのか？　またどうして、そんなことが可能なのか？　谷間にいることによって、エネルギーは蓄積される。頂上は谷間から生まれる。すると、大きなオーガズムがあり、あなたの全存在に悦びが広がる。

頂上には悦びがあり、谷間にはやすらぎがある。両方とも美しい。だが最終的には、悦びよりもやすらぎの方に価値がある。なぜなら、悦びは刹那的だからだ。頂上には、一瞬より長くは留まれない。頂上とは、非常に小さいピラミッドのようなものを意味する。そこには長く立っていられない。ほんの一瞬いられるだけだ。しかし谷間が訪れたら、そこにはもっと長くいられる。両方を楽しむことが肝腎だ。両方とも何かを届けてくれる。両方とも意味深いものであり、あなたの成長を助けてくれる。

最終的にはタントラが言うように、谷間のオーガズムは頂上よりも遥かにまさる。頂上のオーガズムは成熟していないが、谷間のオーガズムには深い成熟がある。頂上のオーガズムには興奮があり、熱っぽく、情熱的だ。スリルがあるけれども、そのスリルは疲れる。谷間のオーガズムにはスリルはないが、静寂がある。そしてその静寂は、より価値のあるものであり、よりあなたを変容させてくれるものだ。それは二十四時間、あなたと共に留まる。ひとたび谷間に至ったら、その谷間はあなたに付き従う。頂上は失われるものであり、あなたは疲れ切って眠りに落ちるだろう。谷間は持続する。それは何日間も、あなたにある種の影響を及ぼす。あなたはリラックスして、一体感を抱くだろう。

両方とも良いものだ。だが、どれひとつ「行なう」ことはできない。ただ、妨げずに許すこと。愛とは一種のくつろぎであり、その中では物事を妨げずに許すことだ。

14.ひきこもり

質問：ときどき私は、暗い穴の中に隠れていたい気分になります。特に生理中には。

エネルギーには波がある。潮が満ちるときもあれば、引くときもある。満ち潮のときは、関係する、コミュニケーションをとる、開いている、愛する、受け取る、与えるといったことは簡単だ。あなたが満ち潮の状態でなく、エネルギーが引き潮の状態のときは、コミュニケーションをとるのは非常に難しい。ほとんど不可能だ。しかし両方の状態は、来ては過ぎ去る —— それらは両方とも生の一部だ。何も間違ってはいない。自然なことだ。だから、それを受け容れることを心がけなさい。

引き潮の時期に来ていると感じたら、コミュニケーションをとろうとしないこと。開いているよう、自分に強いてはならない。なぜなら、その開く行為は開いていることにならないからだ。それは種子の時期だ。ただ自分自身を閉ざし、独りでいる。その時間を、深い瞑想のために利用しなさい。それは瞑想に好都合なときだ。あなたが満ち潮の状態にいて、エネルギーが流れ、上昇しているなら、それは愛に適したときだ。そのときは関係し、開き、分かち合いなさい。それは収穫のときだ。ただし、一年中そうではあり得ない。たとえ天国でも、天使たちはずっと歌ってはいないそうだ。

歌が湧き起こってくるなら、歌いなさい。また、すべてが閉じていく感じがするときは、ただ閉じるのを助けなさい。それが自然であるということだ。自然であるとは、必ず二十四時間、開き続けるという意味ではない――あなたは魔法の店ではない。人には閉じなければならないときがある。さもないと疲れ、うんざりし、嫌になってしまうだろう。絶えず微笑んでいる必要はない。そんなことをするのは政治家だけだ。そして、彼らは世の中でもっとも愚かな人々だ。

涙が歓迎されるときもある――涙は歓迎されるべきだ。悲しい気分になるときもある――悲しみは美しい。だから悲しいときは悲しみなさい。幸せなときは幸せでいなさい。真正であるとは、すでに起こっていることに決して背かないということだ。それと共に進み……それを信頼しなさい。蓮の花弁は夜に閉じ、朝になると再び開く――でも、それは自然なプロセスだ。

今、現代的なマインド――特に若い世代のマインドには、非常に誤った考えが生まれている。それは、人は常に開いていて、常に愛情深くあるべきだという考えだ。これは新しい種類の拷問、新しい種類の抑圧であり、新しい形の暴力だ。そんな必要はない。真正な人とは、信頼のおける人のことだ。彼が悲しげなとき、彼は悲しんでいるに違いないという事実を信頼できる。彼は真実の人だ。彼が閉じているなら、それを信頼でき、彼を信用できる。それは瞑想の境地のようなものだ――彼はただ、自分自身の中にいることを望んでいる。外に出たいとは思わない。彼は深い内省の中にいる。それでいい！　彼が微笑んで喋っているなら、彼は関わることを望み、自分の実存から外に出て、分かち合いを望んでいるということだ。そのような人は信頼できる。

だから、マインドで自分の実存に何かを強制しようとしてはいけない。実存に発言権を持たせ、マインドはただの僕《しもべ》、召使であるべきだ。しかし、マインドはいつも主人になろうとする。私の見るところ、あなたには何も悪いところはない。この生理の期間をただ生きることだ。すると次第に、毎月そうなることがわかるだろう。あなたは、何日かはとても開いていて、何日かは閉じている。

それは男性よりも女性の方が顕著だ。なぜなら、女性は依然として周期性で生きているからだ。月経のために、女性の化学的性質、身体の化学反応は、28日周期になっている。実は、同じことが男性にも起こるが、それはもっと微妙で、もっと目立たない。

つい最近、何人かの研究者がつきとめたのだが、男性にも月々の生理のようなものがあるそうだ。でも、出血はないから目に見えない。しかし、女性が毎月4日間はエネルギーの低い状態になるのと同様に、男性も毎月4日間はエネルギーの低い状態になる。男性の場合、この状態はあまり肉体とは関係なく、あまり目立たない。それは精神的なものだ――外面的というより、もっと内面的なものだ。

しかし自分の気分を追っていくと、それを図式化できるだろう。それをカレンダーに書き留めておくといい。私の感覚では、あなたとあなたの気分は、月に従って推移しているはずだ。だから、月と共にどう変動するか、関連をちょっと観察するといい。最低でも1、2ヶ月分のカレンダーを作る。すると、自分の状態を予見できるだろう。そうすれば日々の計画を立てるために、それを利用できる。

友人と会いたいなら、自分が閉じているときに会ってはいけない。自分が開いているときに会いなさい。だが、それは何も悪いことではない。ただ、自然のプロセスなのだ。

15.心気症

質問：私は病気になるのではないかと、絶えず自分の身体を心配しています。何かアドバイスをいただけませんか？

身体のことを考えすぎると、身体は調子を崩してしまう。そして身体が不調になると、当然ながら余計に身体のことを考えてしまうものだ。それは悪循環になる。

健康な人、完全に健康な人であっても、自分の胃について——さまざまなものをどう消化するか、何が起ころうとしているのか、などと考え出したら、二十四時間以内に胃は掻き乱されてしまう。そして、ひとたび掻き乱されると、さらに胃のことを考えてしまう。つまり、基本的に身体には何も悪いところはないが、まさにその観念が身体を掻き乱してしまうのだ。薬は観念を治せないから助けにならない。こうして、あなたは医者から医者へ、「〜療法」から「〜療法」へと渡り歩く。しかし、どれもたいして助けにならない。そうした治療が、かえってあなたをいっそう掻き乱すかもしれない。というのも、薬には薬効があるが、薬は観念を治せないからだ。そして、その観念をおいて他に病気は存在しない。

医者の当てが外れれば外れるほど、あなたはますます身体に執心する。すると、身体を意識するようになる。あなたは自分の身体にとても神経質になる。ほんのわずかな変化、わずかな不調、わずかな不快感でも、あなたはパニックになる。そしてパニックは、身体がますます掻き乱されるのを助長する。

そこで私の最初の助言は、何かが悪いという観念を捨てることだ。人生を楽しみ始めなさい。

昔、こんなことがあった……。

ある男が、あと6ヶ月以上は生きられないだろうと医者から宣告された。その男は20年もの間、無数の病気を患ってきた。人間に起こり得るすべてのことが、彼に起こっていた。医者はうんざりしていた。そして男はとても裕福だった。男は心気症患者だった。ほとほと疲れ果てて医者は言った、「あなたは助かりませんから、心気症のことは忘れることですね。6ヶ月したら、あなたは死にます。これは確かです。誰もあなたを救えません。生きたいと思っても、あと6ヶ月というところですね」

もし6ヶ月しか生きられないなら、身体のことを気にかけても仕方ないと男は思った。いずれ死ぬのだ。そして彼は、はじめて意識を変えた。彼は最上の服を誂え、最高級の車を購入し、世界旅行を計画した。彼は、ずっと行きたかったが身体のせいで行けなかった場所にすべて出かけた。世界中を旅行し、ずっと食べたいと思っていたものをすべて食べ、女性と愛を交わし、欲しい物はすべて手に入れた……彼は本当に人生を楽しんだ！　死が近づいていたから、躊躇するのは無意味だった。6ヶ月して戻ってくると、彼はこれまでなかったほど健康だった。彼はさらに30年生き、問題は二度と生じなかった！

要はその意識を落すことだ。一例として自然療法は効果的だ。というのも、それは真の「療法」ではなく、ただの休息であるからだ。でも、のめり込んではいけない。それは病気だ。自然療法そのものは療法ではない。それはただ身体に休息を与え、自然と調和できるような状況を与えるものだ。それは本能に基づく生理的欲求と調和することであり、医療ではない。自然療法の危険性は、のめり込む可能性があることだ。そして、のめり込むことは病気よりも問題が多い。

自然療法は多くの人の助けになるが、自然療法に救われた人が、当の自然療法のせいで病気にならずに済むのはごく稀だ。人はとり憑かれてしまう——何を食べるか、何を食べてはいけないか、どこへ行くか、どこへ行ってはいけないか、エコロジーについて……始終こうしたことを考える。すると、生活は再び困難になる。自然療法にとり憑かれてしまったら、あなたは呼吸できない。というのも、空気中にはたくさんの汚染物質があるからだ。レストランでも食事ができない。自然な調理法で食事が作られていないからだ。あなたは自然食しか欲しくないから、これも食べられないし、あれも食べられない。あなたは街中にも住めない。その結果、生活は非常に困難なものとなる。

常に覚えておきなさい。自然療法はただの休息だ。ときたま何も理由がなくとも毎年自然療法のクリニックへ行き、2、3週間、あるいは1、2ヶ月、可能なかぎり長く休息するといい。特に理由がなくても行ってごらん——自然、自然食、風呂、サウナ、マッサージをただ楽しむために。ただ喜びのために、純粋に自然療法を体験する喜びのために行く。ただし、自分は病気だという考えは捨てること。そして内なる王者を思い起こしなさい。身体は宮殿にすぎない。

16.感覚を活性化させる

質問：私は頭を使う仕事をしていて、ほとんどの時間をコンピュータに向かって過ごしています。自分は生き生きしていないと、しばしば感じるのですが。

もっと身体の中に入りなさい。あなたの感覚を、もっと生き生きさせてごらん。もっと愛情をこめて見つめ、もっと心から味わい、もっと心から触れ、もっと心から臭いを感じなさい。感覚をもっともっとはたらかせてごらん。すると突然、頭の中で過剰に動いていたエネルギーが、今度は身体に程よく分散されるのがわかるだろう。

頭は実に独裁的だ。頭は、あらゆるところからエネルギーを奪い続ける独占者だ。それは、あなたの感覚を殺してしまった。あなたの頭はエネルギーのほぼ80パーセントを奪い取っていて、身体の他の部分には20パーセントしか残されていない。当然、全身は苦しんでいる。そして全身が苦しむと、あなたが苦しむ。なぜなら、あなたが全体として、有機的なまとまりとして機能し、身体の各部と実存が適切なエネルギーの分担を過不足なく受けてこそ、あなたは幸せになれるからだ。すると、あなたはリズミカルに機能し、調和を得る。

調和、幸福、健康——それらはすべて、ひとつの現象の一部だ。それはすなわち全体なるものだ。あなたが全体であれば、あなたは幸せで、健康で、調和がとれている。

頭は障害をつくり出している。人々は多くのものを失ってしまった。臭いを感じる能力を失ってしまったから、臭いを感じることができない。味わう能力も失っている。耳の機能も失ってしまったから、わずかなことしか聞き取れない。人々は、本当の触感とはどんなものかを知らない。肌は死んでいる。肌はやわらかさや感受性を失ってしまった。そして頭は、アドルフ・ヒットラーのように全身を押し潰しながら増長している。頭はどんどん大きくなっている。とんでもないことだ。巨大な頭にとても小さな手足がぶらさがり、人はほとんど風刺画《カリカチュア》になっている。

だから、感覚を取り戻しなさい。あなたの手で何でもいいからやってごらん。大地と共に、木々と共に、岩と共に、身体と共に、人々と共に、何でもいいからやってごらん。あまり考えずに済むこと、あまり頭を使わなくて済むことを、何でもいいからやってごらん。そして楽しみなさい。すると頭は次第に楽になる。それは頭にとっても良いことだ。なぜなら、頭が荷を過剰に負っているときは、考えても考えられないからだ。悩んでいるマインドが、どうして考えたりできるだろう？　考えるには明晰さが必要だ。考えるには、緊張のないマインドが必要だ。

逆説的に思えるかもしれないが、考えるには思考のないマインドが必要だ。そうすれば、非常に楽に、直接的に、集中して考えることができる。ただ問題を自分の前に並べるだけで、無思考のマインドはそれを解決し始める。そのとき、あなたは直観を得る。悩まず、ただ洞察することだ。

マインドが思考という荷物を負い過ぎているとき、あなたは目的もなく考え過ぎてしまう。そんなことをしても何にもならない。あなたの頭の中には何もないのだ。堂々巡りをし、騒音を立てるが、成果はゼロだ。

エネルギーをあらゆる感覚に振り分けるのは、頭に背くことではない。それは頭のためになる。なぜならバランスがとれ、正しい位置にあるとき、頭はより良く機能するからだ。

さもないと、にっちもさっちもいかなくなってしまう。頭の中はひどい交通渋滞で、ほとんどラッシュ・アワーのようだ。二十四時間、絶え間なく続くラッシュ・アワーだ。

身体は美しい。身体を用いて行なうことは、すべて美しい。

17.敏感であること

質問：敏感であるとは、どんなことでしょうか？

敏感であるとは、あなたが開いていること、あなたの扉が開いていること、あなたが存在と共に脈打つ用意があるということだ。鳥が歌い始めると、敏感な人はすぐ、その歌が自分の実存のもっとも深い核に響くのを感じる。敏感でない人は、それをまったく聞かないか、どこかでただ物音がしているのだろうと思う。歌は彼のハートに沁み込まない。カッコーが呼びかけ始める ―― 敏感な人は、カッコーがどこか遠くのマンゴーの茂みからではなく、あたかも自分自身の魂の奥深くから呼びかけているのを感じ取る。それは彼自身の呼びかけとなり、神性への渇望となり、愛する人への渇望となる。その瞬間、観察する者と観察される物はひとつだ。美しい花が咲いているのを見ると、敏感な人は花と共に咲く。花と共に花になる。

敏感な人は流体であり、流れ、流動している。体験するたびに、彼はそれになる。日没を見ていると、彼は日没になる。夜 ―― 暗い夜、美しい静まり返った暗闇を見ていると、彼は暗闇になる。朝になれば、彼は光になる。

彼は生そのものだ。彼は生をすみずみまで味わう。だから彼は豊かになる。これこそ真の豊かさだ。音楽を聞けば音楽になり、水音を聞けばその音になる。そして竹林を風が吹き抜け、竹がざわめくとき、彼はそこから遠く隔たってはいない。彼は竹林の真ん中にいて、その中のひとつだ――彼は一本の竹になっている。

ある禅師が、竹の絵を描きたいと思っている弟子の一人に言った、「行って、まず竹になるがいい」。彼は名人級の画家で、あらゆる芸術審査をパスしていた――しかも立派な成績で。彼の名前は、すでに有名になり始めていた。だが師は言った、「森へ行き、何年か竹と共に過ごし、竹になるのだ。竹になれた日、戻って来て描くがいい。それ以前ではだめだ。竹が感じていることを内側から知らずに、どうして竹が描けよう？　外側から竹を描けても、そんなものはただの写真だ」

そして、それが写真と絵画の違いだ。写真は決して絵画にはなり得ない。どれほど巧みに芸術的に撮ったとしても、竹の周辺が反映されたものでしかない。カメラは、魂の中には入れない。

写真が開発された当初、絵画の世界に大きな脅威が生まれた。今後、絵画はおそらくこれまでの美や、これまでの土台を失うだろうと。なぜなら、写真は日進月歩で発展し、すぐに必要条件を満たすだろうと思われたからだ。その恐れは杞憂だった。実のところ、カメラの発明以降、写真は途方もなく進歩したが、それと同時に絵画は新たな次元、新たな視点、新たな認識を学んだ。絵画はより豊かになった、またそうならねばならなかった。カメラが発明される以前、画家はカメラのような役割をしていた。

師は言った、「森へ行くがいい」と。そして弟子は出かけ、3年間森に留まり、ありとあらゆる天候のもとで竹と共に過ごした。雨が降っているとき、竹にはある喜びがあり、風が吹いているとき、竹の雰囲気はまた異なった。そして日が照っているときは、もちろん竹の実存の中ですべてが変わっていた。また、カッコーが竹やぶにやって来て鳴き始めると、竹は沈黙したまま呼応していた。弟子は、3年間そこに留まらねばならなかった。

すると、それが起こった。ある日、それが起こった。彼は竹のそばに座り、自分が何者であるかを忘れた。すると風が吹き始め、彼はそよぎ始めた――竹のように！　後になってやっと、彼は自分が長いこと人間でなかったことを思い出した。彼は竹の魂の中に入り、そして竹の絵を描いた。

その竹には、写真がとらえることのできない、完全に異なる質がある。写真は美しいかもしれないが、それは死んでいる。その特別な絵画は生きている。なぜなら、竹の魂のあらゆる様相、あらゆる豊かさ、あらゆる雰囲気を表現しているからだ。悲しみがあり、喜びがあり、苦悩があり、恍惚があり、竹の知るすべて、竹の一生の全記録がそこにある。

敏感であることは、生の神秘に開いているということだ。より敏感になり、あらゆる非難を捨てなさい。あなたの身体を、まさに扉にしなさい。

18.過食と過少なセックス

質問：関係性が壊れてからというもの、私は食べ過ぎて太ってしまいました。どうしたらバランスを取り戻し、食べる量を減らせるでしょうか？

性エネルギーを正しい方向に向けないと、それは必ず食べ物に執着し始める。食べ物とセックスは両極だ。それらは互いにバランスをとっている。セックスをし過ぎると、食べ物への興味は消える。性欲を抑圧すると、食べ物への興味はほとんど強迫観念のようになる。だから食べ物に関しては、直接的には何もできない。試みれば、必ず困難に陥るだろう。2、3日なら自分に強制して何とかやり遂げられるだろうが、すると問題が戻ってくる。しかも、報復と共に戻ってくる。性エネルギーに取り組む方がいい。

問題が生じるのは、食べ物の最初の体験と子供への愛情とが、非常に深く結びついているからだ。子供は母親の胸から食べ物をもらい、愛情ももらう。愛情を得たら、子供はミルクのことなど心配しない。母親は、何とかして子供にミルクを飲ませなければならない。愛情を得ていないと、子供は将来のことが心配で、母親の胸を離れない。子供はできるだけたくさんミルクを飲む必要がある。というのも、母親がいるかどうか確信が持てないからだ。愛情を得たら子供は安心し、心配しなくなる。母親は、必要なときはいつもいてくれる。子供は母親の愛情を信頼できる。しかし母親に愛情が欠けていると、子供は信頼できない。そして、できるだけたくさんミルクを飲まねばならない。子供は過食を続ける。

つまり愛情を得られないと、子供は食べ物に興味を持つようになる。愛情を得ると、子供は食べ物に興味を持たないか、あるいは単に自然な興味を持つだけだ。子供は身体が必要とする分だけを食べる。

あなたの愛のエネルギーが何らかの理由でブロックされてきた場合、そのブロックされた愛のエネルギーは、食べ物への興味となる。それを変えたいなら、もう少し愛へと入って行き、もっと愛情深くなることだ。自分の身体を愛しなさい。そこから始めるといい。自分の身体を楽しんでごらん。それは美しい現象であり、すばらしい贈り物だ。踊り、歌い、感じ、自分の身体に触れてごらん。

問題なのは、自分の身体を愛さないなら、あなたは他人に対してもあなたの身体を愛することを許さなくなるという点だ。実のところ、あなたに優しくしようとする人は、変わり者で、馬鹿で、愚かに見えてしまう。それは、あなたが自分の身体を愛せないために、「彼は私に何を見ているのかしら？」と思うからだ。あなたには何も見えない！　自分自身の身体の美しさを見ようとしないかぎり、あなたは他人の愛を受け容れられないだろう。人があなたに好意を抱くこと自体、彼は愚か者以外の何者でもないというしるしだ。

だから私は言う――自分の身体を愛しなさい。そして愛し、抱きしめ、手を取る機会があったら、逃してはいけない。あなたは驚くだろう。愛の方向へ進み始めると、食べ物の問題は自動的に解決される。愛の中に在ることは、すばらしい体験であり、自分に食べ物を詰め込み続けるのは、とても惨めな体験だ。食べ物は美しくないということではない。吸収できるだけの量を食べてこそ、食べ物は美しい。食べ過ぎは吐き気を催させる。

愛に関して美しい点がある。それは、決して過剰ということがない点だ。極限まで愛せる人はいない――誰一人として。愛には極限が存在しない。極限まで食べ、物を詰め込むときと違って、愛するとき、あなたは分かち合い、あなたは与える。それは荷を降ろすことだ。与えれば与えるほど、あなたのエネルギーはさらに流れ始める。あなたは川になる。もはや淀んだ水溜りではない。

それが、あなたのしたことだ――あなたは自分のエネルギーを、淀んだ水溜りにしてしまった。

壁を壊しなさい！　あなたは、愛がもたらしてくれる、愛だけがもたらしてくれる美しいものを、不必要に逃している。その代わりに、この食べ物という問題に苦しんでいるのだ。

19.断食による解毒

質問：身体の解毒法として、断食を推奨なさいますか？
　　　私は最近、ベジタリアンになりました。

断食をすると、身体はもう消化の作業をしなくて済む。その期間、身体は死んだ細胞や毒素の排出に取り組むことができる。それは土曜日や日曜日の休日に、家に帰って日がな一日掃除をするのと似ている。1週間ずっと暇なく忙しかったので、あなたは家を掃除できなかった。そこで、1日かけてすべてを掃除する。何も消化するものがないときや、何も食べなかったとき、からだは自分自身の掃除を始める。そのプロセスは自発的に始まり、身体は不要なもの、重荷のように感じられていたものをすべて捨て始める。断食は浄化の手法だ。ときたまであれば、断食はすばらしい――何もせず、食べず、ただ休息する。できるだけたくさん飲物を摂り、ただ休息する。すると、身体は清浄になる。

ときに、もっと長期の断食が必要だと感じるなら、長期の断食をしてもかまわない――ただし、その間は自分の身体を深く慈しむこと。そして、断食が何かしら身体に害を及ぼすような気がしたら、やめることだ。断食が身体の助けになっていれば、よりエネルギーが充実し、生き生きとして、元気を取り戻し、活力を得る感じがするだろう。これを基準にするといい。衰弱するような感じ、身体が微かに震えるような感じがし始めたら気をつけなさい。もはや断食は浄化ではなく、有害になっている。断食をやめることだ。

だが、はじめに断食の科学の全般を学んでおいた方がいい。実際に断食をする前に、長らく断食をやってきてすべてに精通している人、問題となるあらゆる症状を知っている人に相談するといい――断食が有害となった場合は何が起こり始めるのか、有害でなかった場合は何が起こるのか。真の浄化が行なわれた断食の後は、一新され、より若く、より清浄で、体重が軽く、より幸せな感じがするだろう。そして身体は、より順調に機能しているだろう。もはや身体は、重荷を降ろしたのだから。ただし、間違った食べ方をしてきた場合にのみ、断食するといい。間違った食べ方をしてこなかったのなら、断食する必要はない。断食が必要なのは、食習慣によってすでに身体を痛めつけてきた場合だけだ――もっとも、私たちは誰もがそうしている。

人間は道を失ってしまった。人間のような食べ方をする動物はいない。すべての動物には、好みの食べ物がある。バッファローを庭に連れ出して放したら、彼らは特定の草しか食べない。何でもかんでも食べ続けたりはしない――彼らは好みがうるさい。彼らには、食べ物に関する一定の感覚がある。人間は食べ物に関する感覚を完全に失い、無感覚になっている。人間は何でもかんでも食べ続ける。実のところ、どこかしらで人間に食されていないものを探すのは不可能だろう。ある地ではアリが食べられている。ある地ではヘビが食べられている。ある地ではイヌが食べられている。人間はあらゆるものを食べてきた。人間は本当に狂っている。人間は、どれが自分の身体と共鳴し、どれが共鳴しないのかを知らない。完全に混乱している。

自然なあり方からすると、人間は菜食であるべきだ。なぜなら、身体全体が菜食用につくられているからだ。科学者でさえこの事実をしぶしぶ認めているが、人間の身体の全構造は、人間が菜食であるべきことを示している。人間はサルの子孫であり、サルたちは菜食だ——完全な菜食だ。もしダーウィンの考えが本当なら、人間は菜食であるべきだ。現在、特定の動物の種が、菜食か非菜食かを調べる方法がある。それは腸によるもの、腸の長さによるものだ。非菜食の動物は、腸がとても短い。トラやライオン——彼らの腸はとても短い。なぜなら、肉はすでに消化された食物だからだ。肉を消化するには、腸は長くなくてもいい。消化の作業は、動物によって為されている。今、あなたは動物の肉を食べている。それはすでに消化されている——長い腸は必要ない。人間は、もっとも長い腸を持つ種のひとつだ。つまり、人間は菜食だ。長時間の消化が必要で、たくさんの排泄物がそこに溜まる。それは排出されなければならない。

菜食なのに肉を食べ続けると、身体に負荷がかかる。東洋では、偉大な瞑想者たち——仏陀やマハヴィーラは、その事実を強調していた。これは非暴力という概念のためではない。それは二次的なものだ。そうではなく、深い瞑想の中に入っていきたいと本気で望むなら、身体は軽く、自然で、流れている必要がある。身体は重荷を降ろす必要がある。一方、非菜食の人の身体は、大変な重荷を負っている。

肉を食べると何が起こるか、ちょっと観察してごらん。動物を殺すとき、殺される瞬間の動物に何が起こるだろう？　もちろん、誰も殺されたいとは思わない。生命は生き延びることを望む。動物は喜んで死ぬわけではない。誰かがあなたを殺したら、あなたも喜んで死にはしないだろう。ライオンがあなたに飛び掛ってあなたを殺したら、あなたのマインドには何が起こるだろう？　あなたがライオンを殺すときにも同じことが起こる。断末魔の苦しみ、恐怖、死、苦悩、不安、怒り、暴力、悲しみ――これらすべてが動物の身に起こる。全身に暴力、苦悩、断末魔の苦しみが広がる。全身に毒素と毒物が充満する。動物はまったく望まずに死んでいくため、あらゆる腺が毒を分泌する。そして、あなたはその肉を食べる――その肉は、動物が分泌したあらゆる毒を含んでいる。エネルギー全体が有毒だ。そうした毒が、あなたの身体に運ばれる。

あなたの食べているその肉は、動物の身体の一部だった。それは、その場所で特定の目的を担っていた。動物の身体には、特定の種類の意識が存在している。あなたは動物の意識よりも高い次元にいる。だが、動物の肉を食べると、あなたの身体は最低の次元へ、動物の次元よりも下に落ちる。すると、あなたの意識と身体にギャップが生じる。そして緊張が生じ、不安が生まれる。

自然なものを食べるといい――あなたにとって自然なもの

を。果物、木の実、野菜——できるだけたくさん食べなさい。そして、これらは必要以上に食べられないという点が美しい。自然なものは、どれもあなたに満足を与えてくれる。それは、あなたの身体を堪能させ、あなたを十二分に満足させてくれるからだ。あなたは満足感を得る。何かが不自然だと、それは決して満足感を与えてくれない。アイスクリームを食べ続けてごらん。満足したとは決して思えないだろう。実のところ、食べれば食べるほど、もっと食べたくなる。それは食べ物ではない。あなたのマインドは騙されている。あなたはもはや、身体の必要に応じて食べているのではなく、アイスクリームを味わうためだけに食べている。舌が支配者になっている。

舌は支配者になるべきではない。舌は、胃のことをまったく知らず、身体のことをまったく知らない。舌には、食べ物の味を確かめるという特定の目的がある。自然の摂理からして、どの食べ物が身体の —— 自分の身体のためになるか、どの食べ物が身体のためにならないかを、舌が判断しなければならない。これが舌の唯一の機能だ。舌は門番にすぎない。主人ではない。門番が主人になったら、すべてが混乱してしまう。

20.断食と美食

ときどき断食が自然に訪れる感じがするなら —— 決まり事としてではなく、主義としてでもなく、従うべき思想としてでも、強制された訓練としてでもなく、あなたの自然な欲求からであるなら、それは良いものだ。そのときは常に覚えておくといい。断食はご馳走を食べるために役立ち、またおいしく食べられるようになるのだと。断食をする目的は、手段であって到達点ではない。しかし、そうしたことが起こるのは稀だ。たまにしか起こらない。食べている間に完全に目覚め、それを楽しんでいるなら、決して食べ過ぎることはないだろう。

私の強調する点は、食事制限ではなく気づきだ。おいしく食べなさい。お腹がいっぱいになるまで楽しみなさい。でも、この法則を覚えておくこと —— 食事を楽しんでいないなら、その埋め合わせのために、もっと食べなくてはならない。食事を楽しめば、食べる量は減り、埋め合わせをする必要はなくなる。ゆっくりと一口ずつ味わい、よく噛んで食べるなら、あなたは完全にその中に没頭する。食事は瞑想であるべきだ。

私は味わうことに反対ではない。私は感覚に反対しないからだ。敏感であることは知性的であることであり、敏感であることは生き生きしていることだ。あなたがたのいわゆる宗教は、努めてあなたの感覚を鈍らせ、あなたを鈍感にしてきた。宗教は味わうことに異議を唱えている。宗教は、何も味わえないよう、あなたが自分の舌を完全に鈍らせることを望んでいる。しかし、それは健康な状態とは言えない。舌が鈍感になるのは病気のときだけだ。熱があると舌は鈍感になる。健康であれば、舌は敏感で生き生きしている。舌はエネルギーで震え、脈動している。私は味わうことに反対ではなく、賛成する。おいしく食べ、よく味わうことだ。味わうことは神聖なことだ。

また、味わうこととちょうど同じように、美を見つめ、それを楽しみなさい。音楽を聴いて楽しむ。岩や葉や人に触れ——そのぬくもり、その手触りを楽しむ。すべての感覚を使い、それらを最大限に駆使してごらん。すると、あなたは本当に生き、あなたの生は燃え上がる。あなたの生は鈍くなく、エネルギーと活力で燃え立つだろう。私は、感覚を殺すよう、あなたに説いてきた人たちに賛成しない。彼らは身体に背いている。

また、身体はあなたの寺院であり、身体は神からの贈り物であることも覚えておきなさい。身体は実に繊細で、実に美しく、実に驚異的だ——それを殺すのは、神に対して失礼だ。神はあなたに味覚を授けてくれた。味覚を生み出したのは、あなたではない。それは、あなたとは何の関係もない。神はあなたに目を授け、このサイケデリックな世界を色彩豊かなものにした。そして、あなたに目を授けた。目とこの世界の色彩との間に、偉大なる合一をもたらしなさい。神はすべてをつくった。そこにはこの上もない調和がある。この調和を乱してはいけない。

身体に耳を傾けなさい。身体はあなたの敵ではない。身体が何か言っているときは、その通りにしなさい。なぜなら、身体には独自の英知があるからだ。それを妨げてはいけない。マインドのトリップを続けてはいけない。だから私は、食事制限を教えるのではなく、ただ気づきのみを説く。十全な気づきを持って食べなさい。瞑想的に食べなさい。すると、食べ過ぎることもないし、食べるのが少な過ぎることもない。過ぎたるは及ばざるがごとしだ。これらは極端なことだ。自然は望んでいる —— あなたがバランスをとること、ある種の均衡を保つこと、中庸にあること、過不足のないことを。極端に走ってはならない。極端に走ることは、神経症になることだ。

食べ物に関する神経症には、ふたつのタイプがある。身体に耳を傾けず、食べ続ける人々。身体は泣き続け、「やめて！」と叫んでいるのに、彼らは食べ続ける。そして、別の種類の人々もいる。身体は「お腹が空いた！」と叫んでいるのに、彼らは断食を続ける。両者とも神経症で、両者とも異常だ。全員治療が必要であり、全員入院が必要だ。健康な人とは、バランスのとれた人だ。何をしていても、彼は常に中庸にある。決して極端に走らない。なぜなら、極端なものはどれも緊張と不安を生み出すからだ。過食をすると、身体に負荷がかかるため不安が生じる。充分に食べないと、身体は空腹なため不安が生じる。健康な人は、やめ時を知っている人だ。そして、それは特定の教えからではなく、気づきから生まれるべきだ。

もし私が、あなたに食べるべき量を教えたら、危険なことになるだろう。なぜなら、それは平均にすぎないからだ。とても痩せている人もいれば、とても太っている人もいる。もし私が、食べる量は「チャパティ3枚」と教えるとしたら、ある人にとっては多すぎるかもしれないし、ある人にとっては充分でないかもしれない。だから私は、厳格な規則を教えない。ただ、気づきの感覚をあなたに授ける。

自分の身体に耳を傾けなさい。あなたには、ふたつとない身体がある。また、覚えておきなさい。エネルギーには異なったタイプがあり、物事への取り組み方にも異なったタイプがある。ある人は大学の教授で、身体に関するかぎり、さほど多くのエネルギーは使わない。たっぷりとした食事は必要なく、別の種類の食事が必要だ。ある人は肉体労働者で、たっぷりとした食事、別の種類の食事が必要だ。食べることに関する厳しい原則は危険だと言える。通則はないということを、普遍的な決まりにするといいだろう。

ジョージ・バーナード・ショウは言った――唯一の黄金律は、黄金律などないということだと。黄金律はないと覚えておきなさい。それはあり得ない。なぜなら、人はそれぞれ実にユニークで、誰一人として規定できないからだ。だから私は、あなたに感覚《センス》だけを授ける。そして、私のセンスは原則や規則から来るものではない。私のアプローチは気づきに基づく。今日あなたは、ボリュームのある食事が必要かもしれない。でも明日は、それほど必要ないかもしれない。あなたは他の人と違っているだけでなく、あなたの日々の生活も日毎に異なる。今日あなたは丸一日休息し、あまり食事が必要ないかもしれない。また別の日は、庭で一日中穴掘りをし、ボリュームのある食事が必要かもしれない。ただ注意深くあり、身体の言うことに耳を傾けることだ。身体に従いなさい。

身体は主人ではないし、奴隷でもない。身体はあなたの友人だ。身体と友達になりなさい。過食をする人、ダイエットをする人は、どちらも同じ罠にはまっている。両方とも耳が聞こえない——身体が言っていることを聞いていない。

舌の楽しみのために食べることは罪である、というのはナンセンスだ。だとしたら、あなたは何のために食べるのだろう？　見ることが目の罪であるなら、あなたは何のために見るのだろう？　聞くことが耳の罪であるなら、あなたは何のために聞くのだろう？　そうなると、あなたには何も残されていない——自殺するしかない。というのも、生全体は感覚から成り立っているからだ。何をしても感覚は関わってくる。感覚を通してこそ、あなたは流れ、生と関わる。あなたが味わって食べるときは、内なる神が満たされ、満足する。また味わって食べるときは、食べ物の内なる神が敬われる。

しかし、あなたがたのマハトマたち、いわゆる宗教的導師たちは、自己を苛むことを説いてきた。宗教の名のもとに、彼らは単なるマゾヒズムを説いてきただけだ。「自分自身を苛みなさい。苛めば苛むほど、あなたはいっそう神の目にかなうだろう。不幸であればあるほど、あなたはより多くの徳を積むだろう。幸福であるなら、あなたは罪を犯している。幸福は罪だ。不幸でいることにこそ徳がある」。これが彼らの論理だ。

いったい何を言っているのだろう。あまりにも馬鹿げていて、不合理で、明らかにどうかしている。神は幸せだ。神と波長を合わせたければ、幸せになることだ。これが私の教えだ —— 神は幸せであり、神と波長を合わせたければ幸せになること。なぜなら、あなたが幸せなときは神と足並みを合わせているが、不幸せなときは足並みが乱れているからだ。苦悩する人は、宗教的な人間になれない。

私に罪とは何かと問うのなら、罪はひとつしかないと言おう —— 苦悩することが罪人になることだ。幸せでいること、心から幸せでいることが、聖人になることだ。いかに歌い、いかに踊り、いかに生を喜ぶかを説く宗教を、あなたの宗教にしなさい。肯定的な宗教、イエスと言う宗教、幸せと喜びと至福の宗教を、あなたの宗教にしなさい。何百年も抱えてきたナンセンス、全人類を不自由にさせてきたナンセンスを、すべて捨て去りなさい。このナンセンスは、人々を実に醜く、不幸に、悲惨にしてしまった。それは病的な人 —— 自分自身を苦しめる人だけを惹きつける。なぜなら、それは彼らに言い訳を与えてくれるからだ。

自分自身を苛む、もしくは他人を苛むことは、両方とも病気だ —— 苛むという考えそのものが病的だ。アドルフ・ヒットラーのような人は、他人を苛む。マハトマ・ガンディーのような人は、自分を苛む。両者とも同じ船に乗っている —— 背中合わせに立っているかもしれないが、それでも同じ船に立っている。アドルフ・ヒットラーの喜びは他人を苛むことにあり、マハトマ・ガンディーの喜びは自分を苛むことにあった。両者とも暴力的だ。理屈は同じ ―― 彼らの喜びは苛むことにあった。方向性は異なるが、方向性は問題ではない。彼らのマインドの姿勢は同じ ―― すなわち苛むことだった。あなたは自分自身を苛む人を尊敬するが、それはからくりを理解していないからだ。アドルフ・ヒットラーは世界中で非難され、ガンディーは崇拝されている。私は当惑するばかりだ。どうしてそんなことがあり得るだろう? ―― 理屈は同じなのだから。ガンディーは言う、「味わうために食べてはいけない。味わうことは許されてはならない。喜びとしてではなく、義務として食べなさい。生きるために食べなさい。それだけだ」。彼は食べる喜びを、ありふれた仕事の世界に貶めてしまった ―― 「娯楽として食べてはいけない」と。覚えておくといい、動物はそんなふうに食べる。彼らはただ食べるため、ただ存在するため、生き延びるために食べる。動物が食事を楽しんでいるのを見たことがあるかな? まったくないだろう。動物たちが宴会やパーティーを催したり、歌い踊ったりすることはない。人間だけが、食べることを大がかりな祝宴にする。

また、他の事柄についてもガンディーの態度は同じだ。ガンディーは言う、「子供が欲しいときだけ愛を交わしなさい。さもなければ愛を交わさないこと。愛を生物的なものにしなさい。食べることは生き延びるため、愛することは種を残すために限定すべきだ。楽しみとして愛を交わしてはいけない」

それが動物たちのしていることだ。イヌが愛を交わしているのを見たことがあるかな？　イヌの顔を見てごらん。ちっとも楽しそうに見えない……一種の義務感だけだ。イヌはそうしなければならない。何かが内側から彼に強要する —— 生物的な衝動が。愛を交わす瞬間、イヌは愛する相手を忘れる。彼はわが道を行き、礼すら言わない。終わった、仕事はおしまいだ！　人間だけが、楽しみのために愛を交わす。その点で、人類は動物よりも高い位置にある —— 人間だけが、楽しみのために愛を交わす。ひとえに、その喜びのために、その美しさのために、その音楽と詩情のために。

だから、ピルはこの世でもっとも偉大な革命のひとつだと私は言う。なぜなら、それは愛の概念全体を完全に変えたからだ。今や、ただ喜びのために人は愛することができる。生物的な隷属のもとにいる必要はない。子供が欲しいときだけ愛を交わす必要もない。今やセックスと愛は完全に分離している。ピルは大きな革命をもたらした。今やセックスはセックス、愛は愛だ。生物的であるとき、それはセックスだ。ふたつの身体が出逢う美しい音楽があるとき、互いに巻き込まれ、互いの中へ消え去り、互いの中に失われ、まったく新しい次元のリズムとハーモニーに落ちてゆく……オーガズミックな体験があるとき、それは愛だ。子供の問題も、生物的な力に左右されることも何もない。今、その行為そのものが美しい。それはもはや、いかなる目的のための手段でもない —— これが愛とセックスの違いだ。何らかの目的の手段であるとき、それは仕事だ。目的と手段が一緒になっているとき、それは遊びだ。手段そのものが目的であるとき、それは遊びだ——遊びには目的がない。

食べる楽しみのために食べなさい。そうすれば、あなたは人間であり、より高次の存在だ。愛の喜びのために愛しなさい。そうすれば、あなたはより高次の存在だ。聞く喜びのために聞きなさい。そうすれば、あなたは本能という檻から解放される。

私は幸福に反対しない、幸福には大賛成だ。私は快楽主義者だ。私の理解によると、世界のすぐれた霊的《スピリチュアル》な人々は、みな常に快楽主義者だった。快楽主義者でないのに霊的なふりをしている人は、霊的ではない——彼は精神病だ。なぜなら幸福こそ、あらゆる物事の終着点であり、源泉であり、目的に他ならないからだ。神はあなたを通して、無数の形の幸福を探している。可能なすべての幸福を神に許し、幸福のより高い頂、より高い到達点に神が至るのを助けなさい。そのとき、あなたは宗教的だ。そのとき、あなたの寺院は祝祭の場となる。あなたの教会は、墓場のように悲しく、醜く、陰鬱で、活気のない場所になることはない。そのとき、そこには笑いがあり、歌があり、踊りがあり、大いなる歓喜があるだろう。

宗教の本質とは、喜びに他ならない。だから何であれ、あなたに喜びを与えてくれるものには徳がある。何であれ、あなたを悲しくし、不幸にし、苦しめるものは罪だ。それを基準にするといい。

私が厳格な決まりを与えないのは、人間のマインドがどのように働くかを知っているからだ。ひとたび厳格な決まりが与えられると、あなたは気づきを忘れ、決まりに従い始める。問題なのは、厳格な決まりではない――決まりに従うせいで、あなたが決して成長しないことだ。

いくつか逸話を披露しよう。

ベニーが帰宅すると、台所には割れた陶器が散乱していた。

「何があったんだ？」彼は妻に尋ねた。

「この料理本がいけないのよ」と妻は説明した。「持ち手のない古いカップが計量カップ代わりになるって書いてあるんだけど――カップを割らずに持ち手を取るのに、11個もダメにしちゃったわ」

さて、料理本に書いてあるなら、そうしないといけない。人間のマインドは愚かだ――それを覚えておきなさい。ひとたび厳格な決まりを手にすると、あなたはそれに従う。

マフィアの首領《ボス》が子分たちとミーティングをしていた。首領の言うことは絶対だった。ブザーが鳴り、首領の使用人が応対に出た。彼は扉の隙間から外を窺い、訪問者を確認し、扉を閉めた。

「傘を扉のところに置け」子分は訪問者に言った。

「そんなもん持ってねえよ」と答える訪問者。

「それなら家に帰って持ってこい。傘は扉のところに置けとボスは言ってるんだ。そうでなきゃ、あんたを入れられねえ」

決まりは決まりだ。

警察の車は銀行強盗を捕まえようと、猛烈な追跡をしていたが、突然、脇にそれてガソリンスタンドに入った。運転していた警官は、そこから署長に電話をした。
「捕まえたか？」署長は興奮して尋ねた。
「奴らはラッキーですよ」と答える警官。「あとほんの半マイルというところまで差は縮まっていました。でも、そのとき気づいたんです。我々の車は5百マイルを越えていて、止まってオイル交換が必要だと」

5百マイルごとにオイル交換が必要な場合、5百マイルを越えたらどうする？　まず、オイル交換をしないといけない。
私が決して厳格な決まりを与えないのは、人間のマインドがいかに愚かであるか、いかに愚かになり得るかを知っているからだ。私はただ、あなたに感覚を、方向感覚を授ける。気づいていなさい。そして気づきを通して生きなさい。

聞いた話だが……。
マイクがパットに通夜に行くことを告げると、パットは一緒についていこうと申し出た。道すがら、パットは酒をちょっと飲まないかと持ちかけ、二人はすっかり酔っ払ってしまった。そのあげく、マイクは通夜のある場所の住所が思い出せなくなった。「友達の家はどこさ？」とパットは尋ねた。

「番地を忘れちまった。でも、この通りだってことは確かだ」

数分歩き、マイクはこれだと思う家を、目を凝らして見つめた。そして彼らはよろめきながら中に入ったが、ホールは暗かった。ドアを開け、居間を見つけたが、ピアノの上に置かれているロウソクの微かでぼんやりとした明かりを除けば、居間も暗かった。二人はピアノの前に近づき、跪いて祈った。パットはピアノを見つめたまま、長いこと身じろぎもしなかった。「マイク」彼は言った、「君の友人のことは知らないが、さぞかし立派な歯並びをしてたんだろうな」

これが現状だ。これが人間というものだ。私があなたに授けたい唯一のものは、気づきの体験だ。それは、あなたの人生を変えるだろう。あなたに規律を与えることではなく、あなたを内側から輝かせることこそ要点なのだ。

第 5 章

瞑想――癒しの力

The Healing Power of Meditation

「瞑想（*meditation*）」という言葉は、「薬（*medicine*）」という言葉と同じ語源に由来している。薬は肉体を癒すものであり、瞑想は魂を癒すもの——両方とも癒しの力だ。

もうひとつ覚えておくといい。「癒し（*healing*）」という言葉と「全体（*whole*）」という言葉も同じ語源に由来する。癒されるとは、何も欠けることなく、全体になるということに他ならない。他に副次的な意味を持つ言葉として「神聖な（*holy*）」という言葉も、同じ語源に由来している。「癒し」「全体」「神聖な」の語源は同じだ。

瞑想はあなたを癒し、あなたを全体にする。そして全体になるとは、神聖になるということだ。神聖であることは、何らかの宗教や教会に属すこととは関係ない。内側において、あなたは全体であり完結している、何ひとつ欠けることなく満たされている、ということだ。あなたは存在が望んだとおりであり、自分の可能性を実現している。

◆OSHO活動的瞑想《アクティブ・メディテーション》テクニック

質問：あなたの活動的瞑想《アクティブ・メディテーション》は、はじめのうち筋肉をこわばらせ、あちこちが筋肉痛になります。それを乗り越える方法はありますか？

続けることだ！　あなたは乗り越えるだろう——理由は明白であり、理由はふたつある。まずひとつ、それは激しい運動なので、身体はそれに慣れる必要がある。だから3、4日は全身に痛みを感じる。何であれ新しい運動をすれば、そうなるものだ。しかし4日間が過ぎれば、あなたはそれを乗り越え、身体はこれまでよりも力強く感じられるだろう。

だが、これはあまり重要ではない。重要なことは、もっと深部に及ぶ。現代の心理学者は、それを知るに至った。あなたの身体は、単に肉体的なものだけにとどまらない。あなたの身体の中、筋肉の中、身体の構造の中には、抑圧によって多くの異物が入り込んでいる。怒りを抑圧すれば、毒が身体に入り込む。毒は筋肉へ、血液へと入り込む。何を抑圧しても、それは精神的な抑圧ばかりではなく、肉体的な抑圧でもある。なぜなら、あなたは完全に分割されてはいないからだ。あなたは身体と心ではなく、心身《ボディマインド》――つまり心身相関的だ。あなたは、心と身体が一緒になったものだと言える。だから、身体が行なったことはマインドに届き、マインドが行なったことは身体に届く。身体とマインドは、同じ実体の両端だ。

たとえば、怒ると身体に何が起こるだろう？　怒ると、必ず特定の毒素が血液中に放出される。その毒素がなければ、怒りに駆られることはない。体内には特定の分泌腺があり、それらはある種の化学物質を放出する。さて、これは科学的なことであって、哲学などではない。あなたの血液は毒される。

だから、怒ると普段は不可能なことができてしまう――なぜなら狂っているからだ。普段そんなことはできないのに、大きな岩を押し動かすことができる。後になってみると、その岩を押し動かしたり投げたり持ち上げたりできたとは、とても信じられない。正常に戻ったら、再び岩を持ち上げることはできない。なぜなら、あなたは同じ状態にないからだ。そのときは、特定の化学物質が血液中を巡っていた。あなたは緊急事態にあり、あなたの全エネルギーは活動的になっていた。

動物は、怒るときは怒る。動物は、怒りに関して道徳心や教訓など持ち合わせていない。動物は純粋に怒り、その怒りは放出される。あなたも動物と同じように怒る。だが、そのときそこには社会があり、道徳があり、エチケットがあり、その他さまざまなことがある。あなたは怒りを静めなければならない。自分は怒っていないと見せなければならない。あなたは微笑む必要がある——絵に描いたような微笑で！　あなたは微笑みをつくり出し、怒りを静める。身体には何が起こるだろう？　身体は闘う用意ができていた——闘うかあるいは危険を回避するために逃げるか、それに直面するか回避するか。身体には、何らかの行動を起こす用意があった。怒りとは、何かを行なう準備に他ならない。身体は暴力的、攻撃的になろうとしていた。

もしあなたが暴力的、攻撃的になれるなら、そのエネルギーは放出される。だが、それはできない——都合がよろしくない。そこで、あなたは怒りを静める。すると、攻撃的になる用意ができていた筋肉群はどうなるだろう？　それらは麻痺してしまう。怒りのエネルギーはそれらを攻撃的にするが、あなたはそれらを攻撃的にならないよう引き戻している。そこに葛藤が生じる。あなたの筋肉の中、血液の中、細胞組織の中に葛藤が生じる。それらは何かを表現したいが、あなたは表現させないよう押さえ込み、抑圧している。すると身体は麻痺してしまう。

そして、あらゆる感情がこの麻痺を引き起こす。それが毎日のように何年も続く。するとあなたの身体は、いたるところで麻痺してしまう。神経も同様に、すべて麻痺してしまう。それらは流れていない、流体になっていない、生き生きしていない。それらは死に、毒されてしまった。そして、すっかり縺《もつ》れてしまった。それらは自然ではない。

動物を見てごらん。その身体の優美さを見てごらん。人間の身体はどうだろう？　なぜ、あまり優美ではないのか？　なぜ？　どの動物も実に優美なのに、なぜ人間の身体は、あまり優美ではないのか？　何が起こってしまったのだろう？　あなたは身体に何かをした。あなたが身体を破壊したので、その自然で自発的な流れは失われてしまったのだ。身体は淀んでしまった。身体のあらゆる部分に毒がある。身体のすべての筋肉に、抑圧された怒り、抑圧された性欲、抑圧された欲望——あらゆるもの——抑圧された嫉妬や憎しみがある。そこでは、すべてが抑圧されている。あなたの身体は本当に病んでいる。

だから活動的瞑想をやり始めると、こうした毒がすべて放たれる。また、身体の中で淀んでいる箇所は、溶けて再び流体になる必要がある。これは大変な努力だ。40年も間違って生きてきて突然瞑想をすると、全身は激動する。身体のいたるところが痛むだろう。しかし、この痛みは良いものだ。歓迎するといい。再び身体を流れさせなさい。身体は再び優美に、子供のようになるだろう。あなたは再び生き生きした感覚を得る。しかし、その生き生きした感覚が訪れる前に、死んだ部分を立て直す必要がある。それは少し辛《つら》いものになるだろう。

心理学者によると、我々は身体の周りに鎧《よろい》をつくり出していて、その鎧が問題なのだそうだ。怒ったときにすべてを表現することが許されたら、あなたは何をするかな？　怒ると、あなたは歯ぎしりする。爪や手で何かをしたくなる。それは、あなたの動物としての遺物によるものだ。あなたは何かを壊そうと、手で何かをしたくなる。

何もしないとしたら、あなたの指は麻痺し、その優美さや美しさを失い、生きた手ではなくなる。そこには毒がある。だから、あなたが誰かと握手をするとき、そこには本当の感触も命もない。なぜなら、あなたの手は死んでいるからだ。

あなたはそれを感じられるだろう。子供の手に触れてごらん――そこには微妙な違いがある。子供が本当に自分の手をあなたにあずけるとしたら……あずけようという気がないなら、それはそれでよいのだが――子供は手を引っ込める。子供は死んだ手をあずけようとはせず、ただ引っ込める。しかし、子供があなたに手をあずけたいと思っていたら、子供の手はあなたの手の中で、あたかも溶けていくような感じがするだろう。ぬくもり、流れ――まるで子供全体が手にそそぎ込まれたかのようだ。子供はまさにその接触の中に、表現し得るすべての愛を表現している。

しかし、その同じ子供が成長して握手をすると、その手はまるで生気のない道具のようだ。彼は手を通じて流れていない。これはブロックのせいで起こる。怒りがブロックされている。あなたの手が再び生き生きとして愛を表現するようになる前に、それは大きな苦しみを通り抜け、深い怒りの表現を通り抜けなくてはならない。怒りが解き放たれず、ブロックされているなら、そこから愛が生まれ出ることは不可能だ。

あなたは、手だけでなく全身がブロックされている。そのため、誰かを抱きしめたり、自分の胸の近くに引き寄せたりできても、それはハートの近くに引き寄せることとは意味が違う。それらは二つの異なることだ。あなたは誰かを自分の胸の近くに引き寄せることができる。これは身体の現象だ。しかし、ハートのまわりに鎧、すなわちブロックされた感情をまとっていたら、これまで同様その人は遠い存在のままだ。親密さはあり得ない。しかし、あなたが本当に人を近くに引き寄せ、あなたと相手の間に鎧や壁がなければ、ハートは相手に溶けていく。そこには出会いがあり、合一がある。

あなたの身体は、毒をたくさん放出する必要がある。あなたは毒を抱えていて、そうした毒が溜まっているせいで痛みが生じる。今、私は再び混沌を生み出そうとしている。この瞑想は、あなたが再編成され、新たな編成が可能になるよう、あなたの内側に混沌を生み出すためのものだ。今のあなたは破壊されねばならない。そうしてはじめて、新しいものが生まれる。痛みがあるだろう。だが、この痛みには価値がある。

だから活動的瞑想を続け、身体が痛むのを受け容れなさい。身体に抵抗させないこと。身体をこの苦しみの中へ入って行かせなさい。この苦しみは、あなたの過去から来ている。だが、それは去るだろう。あなたに用意ができれば、それは去る。そしてそれが去るとき、そのときはじめて、あなたは身体を手にする。今のところ、あなたは拘束され、カプセルに閉じ込められているだけだ。あなたは本質的に死んでいる。カプセルに封じ込められており、活発で生き生きした身体をしていない。動物でさえ、あなたより美しく生き生きした身体をしているのに。

話はそれるが、そのために私たちは衣服を気にし過ぎるようになってしまった——というのも、身体は見せる価値がないからだ。裸で立てば、きっと自分の身体にしてしまったことがわかるだろう。衣服は、あなたの身体をあなたから隠し続ける。

この病の結果、悪循環が起こる。生き生きした身体をしていないと、あなたはそれを隠したいと思う。そして、隠せば身体はますます死んでいく——なぜなら、身体が生き生きしていることに、油断なく気を配る必要がなくなるからだ。

何世紀にもわたって衣服を身に付けてきたため、私たちは自分自身の身体との接触を失ってしまった。もし自分の頭が切り落とされ、頭のない自分の身体に出会ったら、きっとそれが自分の身体だとは認識できないだろう——それとも認識できるかな？　いや、あなたは認識できない。なぜなら、あなたは自分の身体を知りもしないからだ。あなたは、身体に何の感情も持っていない。身体に関心を持たず、ただその中で生きている。

私たちは、自分の身体に数多くの暴力をはたらいてきた。だから私は、この混沌とした瞑想の中で、無理やりあなたの身体を再び生き生きさせようとしている。多くのブロックが壊される。定着した多くのものが再び乱される。多くのシステムが再び流体になる。痛みがあるだろうが、歓迎しなさい。それは祝福であり、あなたは乗り越えるだろう。続けることだ！　どうしようかと考える必要はない。ただ瞑想を続ければいい。私は、無数の人々が同じプロセスを通過するのを見てきた。2、3日のうちに痛みは去る。そして痛みが去るとき、あなたは自分の身体のまわりに微かな喜びを感じるだろう。

今は痛みがあるから、喜びは感じられない。あなたが知ると知らないとにかかわらず、痛みは全身にある。痛みは常に共にあったから、あなたはすっかり意識しなくなってしまった。何であれ、常にあるものに対しては無意識になるものだ。あなたは瞑想によって意識的になるが、するとマインドは「こんなことしちゃだめだ。全身が痛んでいる」と言う。マインドに耳を傾けてはいけない。ただ、瞑想を続けなさい。

ある一定の期間内に痛みはなくなるだろう。痛みがなくなったとき——身体が再び受容的になり、ブロックがなくなり、毒素もなくなったとき、あなたはきっと自分を取り巻く微かな喜びを感じるだろう。何かをしていてもいなくても、あなたは常に身体のまわりに微かな喜びの波動を感じるだろう。

喜びとは、まさにあなたの身体がシンフォニーを奏でていること——あなたの身体に音楽的なリズムがあることに他ならない。喜びと楽しみは違う。楽しみは、何か他のものから得なければならない。喜びとは、ただ自分自身であることだ——生き生きして、元気が漲《みなぎ》り、エネルギッシュな。身体のまわりの微かな音楽の感触、そして身体の内側のシンフォニー——それが喜びだ。身体が花開いているとき、身体が川のように流れているとき、あなたは喜びに満ちていられる。

それは訪れるが、まずあなたは苦しみを通り抜け、痛みを通り抜ける必要がある。それはあなたの運命の一部だ。自分がそれをつくり出したのだから。だが、それは消え去る。あなたが途中で止まらなければ消え去る。途中で止まると、再び古い滓《かす》が沈殿するだろう。4、5日のうちに問題はなくなる――これまで常にそうであったように。その問題のない状態に気づいていなさい。

◆ゆだねの状態《レット・ゴー》

ゆだねの状態にあることは難しい。なぜなら、それは常に怠惰であると非難されるからだ。それは、仕事中毒の社会では受け容れられない。ゆだねとは、あなたがより正常に生き始めることを意味する。あなたはもはや、狂ったように金を追い求めていないし、休みなく働き続けてもいない。あなたはただ、物質的な必要性《ニーズ》のためだけに働く。だが、精神的な必要性も存在する！

仕事は、物質的な必要性をかなえるために不可欠だ。ゆだねは、精神的な必要性のために必要なものだ。しかし人類の大多数は、精神的な成長から完全に疎外されてきた。

ゆだねはもっとも美しいスペースだ。あなたはただ存在し、何もせず、静かに座っている。すると、草はひとりでに生える。あなたは鳥たちのさえずりや、木々の緑や、花々の多次元的で眩《まばゆ》いばかりの色彩をただ楽しむ。存在を感じるために、何かをする必要はない。やっていることをやめればいい。緊張も心配もない、完全に何事にも従事していない状態にあることだ。

この静寂の状態の中で、あなたは私たちを取り巻く音楽と波長が合うようになる。あなたは突然、太陽の美しさに気づく。日没をまったく楽しんだことのない人、日の出をまったく楽しんだことのない人は大勢いる。彼らは楽しむ余裕がない。人々は休むことなく働き、生産している —— 自分自身のためではなく、世の中を牛耳る狡猾な人々のために。彼らは権力を持つ人々であり、人類を操る才覚のある人々だ。

当然ながら、彼らはあなたに仕事はすばらしいものだと教える —— それは彼らの利益のためだ。そして、その条件づけはとても根深くなってしまったため、なぜリラックスできないのか、あなたは自分でもわからない。

休日でも、人々はあれこれとやり続ける。海辺でリラックスし、海や爽やかな潮風をただ楽しみながら、休日を楽しく過ごすことができない。そうではなくて、何か馬鹿げたことをする。何もすることがないと、冷蔵庫を分解するかもしれない —— まったく問題なく動いていたのに。あるいは、何百年も動いていた古いお爺さんの時計を壊してしまうかもしれない。彼らは、それを改良しようとする。基本的に、人々は静かに座っていられない。それが問題だ。何かをしなければならないし、どこかへ行かなければならない。

休日のたびに、人々は保養地や海辺にいそいそと赴くが、休息にはならない —— 大勢の人が海辺に出かけるため、休息する暇がないのだ。町中の人が、こぞって海辺に出かけてしまう。だから、休日は家に留まる絶好の機会だ。車は数珠つなぎになって渋滞する……到着するころには、海辺は人でごった返している。ちょっとした横たわるスペースすら見つけられない。私はそんな海辺の写真を見たことがある。海だって、人々の愚かさを笑っているに違いない。

彼らは数分間横になる。するとアイスクリームが必要になり、コカ・コーラが必要になる。また、彼らは携帯テレビを持ってきていて、それを見たり、ラジオを聞いたりしている。すると時間になり、帰宅のマラソンレースが始まる。

世界中で、休日は平日よりも多くの事故が起こる。多くの人が死に、多くの車が衝突する。奇妙なことだ！　休日前の5日間――仕事をしている日、人々は休日が来ることを願い、心待ちにしている。そして、その週末の2日間は、事務所や工場がまた始まるのを待ちわびる。

人々は、くつろぎという言葉をすっかり忘れてしまった――忘れるよう、仕向けられてしまった。

どの子供も、潜在能力を持って生まれる。子供にリラックスの方法を教える必要はない。ちょっと子供を見てごらん――子供はリラックスして、ゆだねの状態にある。でも、あなたは子供がこの楽園《パラダイス》の状態を楽しむことを許さない。あなたはすぐに子供を文明化する。

すべての子供は原始的で、文明化されていない。しかし、両親や教師やその他あらゆる人が、子供を文明化し、社会の一部にしようとしている。社会が完全に狂っていることを、誰も気にしていないようだ。子供がありのままでいられて、社会やいわゆる文明に取り込まれることがないなら、それに越したことはない。

しかし両親は、親心から子供を独りにしておくことができない。両親は、子供に仕事をすることを教え、生産的であることを教え、競い合うことを教えなければならない。「おまえが一番でないと、私たちはがっかりだよ」と教えなければならない。

こうして、誰もが一番になろうと走っている。

リラックスなどできない。

はじめてインドに鉄道が敷かれたときの話を聞いたことがある。

進行中の仕事を監督していたイギリス人技師は、若いインド人の村人が毎日やって来ては大きな樹の陰に横になり、労働者たちが働いたり、技師たちが彼らに指示したりするのを見物しているのを見て驚いた。その技師は興味を抱いた。この奇妙な輩《やから》は、毎日のようにやって来た。彼は食事を携え、昼飯を食べて休息した。そして午後になると木陰で眠るのだった。

とうとう技師は興味を抑えきれなくなり、その村人に尋ねた。「働いてみてはどうかね？　君はともかく毎日来ている。でも、ただ横になって見物しながら時間を無駄にしているじゃないか」

村人は尋ねた、「働くだって？　でも、何のために？」

技師は言った、「金を稼ぐのさ！」

村人は尋ねた、「でも、金で何をするのかい？」

技師は言った、「馬鹿なやつだな、金で何ができるか知らないのかね？　金があればリラックスできるし、楽しめるぞ！」

貧しい村人は言った、「そいつは変だ。だって、俺はとっくにリラックスして楽しんでいるよ！　そんなことをしたら、ずいぶん回り道になりそうだ——一生懸命働いて、金を稼いで、それから楽しんでリラックスするなんて。俺はとっくにそうしているさ！」

子供たちは、直観的なゆだねの質を内在して生まれてくる。子供たちは完全にリラックスしている。だから子供はみな美しい。あなたは考えたことがあるかな？　どの子供も例外なく、この上ない優美さ、溌剌《はつらつ》さ、美しさを備えている。だが、この子供たちが成長すると、その美しさや優美さはすべて消えてゆく。

同じ優美さ、同じ美しさ、同じ溌剌さの備わった大人を見つけるのは実に難しい。子供のような無垢とくつろぎを備えた人を見つけられたら、賢者を見つけたということだ。

それが、我々の東洋における賢者の定義だ。彼は再び子供時代に至った。人生のあらゆる浮き沈みを経験した末、その経験から彼は決意する――その決意は自ずと訪れる――死が訪れる前に、再び子供時代の自分になろうと。

私はあなたにゆだねを教える。なぜなら、それこそあなたを賢者にできる唯一のものだからだ。教会も、神学も、宗教も助けにはならない。それらはどれも、あなたにゆだねを教えないからだ。それらはみな、働くことや労働の尊さを主張する。美しい言葉であなたを奴隷にし、搾取する。それらは社会の寄生虫と共謀している。

私は仕事に反対はしない。仕事には仕事の有用性がある――だが、有用性だけだ。仕事はあなたの人生のすべてにはなり得ない。衣食住の確保は、必要不可欠なことだ。働きなさい。ただし、仕事中毒になってはいけない。仕事を離れた瞬間、リラックスする方法を知るべきだ。そして、リラックスするのに大した知恵はいらない。それは単純な術《アート》だ。あなたは生まれたときからその方法を知っているから、とても単純なことだ。それを、眠っている状態から目覚めさせるだけでいい。要は刺激することだ。

あらゆる瞑想技法は、ゆだねの術《アート》をあなたが思い出す手助けをするための方法に他ならない。私は「思い出す」と言う。なぜなら、あなたはかつてそれを知っていたからだ。そして今でも知っている。だが、その知識は社会によって抑圧されている。

身体から始めるという簡単な原則を覚えておくように。ベッドに横になる――あなたは毎日そうしているから、何も特別なことは必要ない――そして眠りが訪れる前に、目を閉じてエネルギーを足から見つめ始める。そこから移動して、ただ内側を見つめる。どこかに緊張はないだろうか？　脚、腿、胃はどうだろう？　緊張はないだろうか？　もしどこかに緊張を発見したら、それをただリラックスさせようとしてごらん。そして、くつろぎが訪れたと感じるまでは、その箇所から移動しないこと。

手を通っていきなさい――なぜなら、手はあなたのマインドだからだ。手はマインドとつながっている。右手が緊張しているなら、左脳が緊張するだろう。左手が緊張しているなら、右脳が緊張するだろう。だから、まず手を通っていきなさい――手は、ほとんどマインドが分岐したものだ。そして、最終的にはマインドへと至りなさい。

全身がリラックスしているとき、マインドの90パーセントはすでにリラックスしている。というのも、身体はマインドの延長に他ならないからだ。次に、マインドの10パーセントの緊張をただ見つめなさい。すると、ただ見ているだけで雲は消え去る。数日間かかるだろうが、コツを習得することだ。

するとそれは、あなたの子供時代の体験を甦らせる―― あなたがとてもリラックスしていた頃のことを。

子供たちは毎日のように転ぶが、怪我をしないし、めったに骨折しない―― それに気づいたことはないだろうか。試してごらん。子供を選び、その子が転ぶたびに、あなたも転ぶ。

ある精神分析医が実験をした。彼は新聞にこう公示した。「我が家に来て、一日中うちの子のまねをするだけで、いい報酬をお支払します。子供が何をしようと、あなたにもそれをしていただきます」

若い格闘家《レスラー》が現れて言った、「まかせてください、お子さんはどこです？」

だが、昼までに格闘家はくたばってしまった。彼はすでに二箇所を骨折していた。というのも、子供のしたことを何でもやったからだ。子供はとてもはしゃいでいた。「変なの」と子供は思った。自分が意味もなくジャンプすると、格闘家もジャンプした。木に登ると、格闘家も木に登った。そして木から飛び降りると、格闘家もまねるのだった。そして、これは続いた。子供は完全に食事を忘れ、すべてを忘れた。子供は、格闘家が四苦八苦するのをとても楽しんでいた。

午後になると、格闘家は続けることをあっさり辞退した。彼は精神分析医に言った、「お金はいりません。一日が終わる頃には、あなたの子供に殺されてしまいますよ。私はもう病院行きです。この子は危険です。こんな実験を別の人でしちゃいけませんよ」

子供にはエネルギーがたくさんあるが、それでも緊張していない。子供が寝ているのを見たことがあるだろうか？　自分の親指をしゃぶり、それを楽しみ、すばらしい夢を見ているのを目にしたことはないだろうか？　子供の全身は、深いゆだねの状態にある。

毎日、世界中で酔っ払いが転ぶが、骨折はしない――これは、よく知られた事実だ。毎朝、彼らは溝にはまっているところを発見され、家に連れて行かれる。それにしても、彼らが転び続けるのは不思議なことだ。酔っ払いが怪我をしないのは、自分が転んでいることを知らず、そのため緊張しないからなのだ。彼は緊張せず、ただ転ぶ。骨折するのは緊張が原因だ。リラックスして転べれば怪我はしない。酔っ払いはそれを知っているし、子供もそれを知っている。一体全体、どうしてあなたは忘れてしまったのだろう？

毎晩、ベッドの中で始めなさい。すると、数日の内にコツを習得するだろう。ひとたび秘密を知れば、日中どんな時でもリラックスできる――それは誰からも教わることのできないものであり、あなたは自分自身の身体の内側を探求しなければならない。そして、くつろぎの達人になることは、この世で一番すばらしい体験のひとつだ。それは精神性への偉大なる旅の始まりとなる。なぜなら、完全にゆだねの状態にあるとき、あなたはもはや身体ではないからだ。

あなたは、緊張やストレスや痛みがあってはじめて自分の身体に気づく――この単純な事実に気づいたことはあるかな？　頭痛がないのに、頭に気づいたことはあるかな？

全身がリラックスしたら、あなたは自分が身体であることをすっかり忘れる。そして、身体を忘れたら、身体の中に隠されている新しい現象――あなたの精神的な実存を想起することになる。

ゆだねは、自分が身体ではなく、永遠不滅のものであることを知るための方法だ。

この世に他の宗教はいらない。ゆだねの単純な術《アート》こそ、すべての人間を宗教的な人に変えるだろう。宗教とは、神を信じることでも、教皇を信じることでも、イデオロギーの体系を信じることでもない。宗教とは、あなたの内側の永遠なるものを知ることであり、あなたの存在の真実を、あなたの神性を、あなたの美しさ、優美さ、輝きを知ることだ。

ゆだねの術《アート》とは、非物質的なもの、無限なるもの、すなわちあなたの真の実存を体験することと同じ意味だ。

気づかぬうちに、ゆだねの状態にある瞬間が少しだけある。たとえば、心から笑っているとき —— 頭からではなく、ただ腹から、腹の底から笑っているとき、あなたは知らぬ間にリラックスしており、ゆだねの状態にある。だから笑いはとても健康にいい。幸せになるのに、笑い以上に効く薬はない。

しかし笑いは、ゆだねに対するあなたの気づきを妨げてきた陰謀者と、まさに同じ者たちによって妨げられてきた。全人類は、深刻で精神的に病んだ状態にさせられてきた。

幼い子供がクスクス笑うのを聞いたことがあるかな？　全身が笑いに参加している。でも、あなたが笑うとき、全身が笑うのはごく稀だ —— たいていは、ただの知的で頭だけの笑いだ。

私自身の理解によると、笑いはどんな祈りよりも遥かに重要だ。なぜなら、祈りはあなたをリラックスさせないからだ。逆に、あなたをもっと緊張させる。笑いの中では、突然あらゆる条件づけ、あらゆる躾、あらゆる深刻さが忘れ去られる。あなたは突如として、それから一瞬抜け出ている。今度笑うとき、どれだけ自分がリラックスするか気をつけてごらん。そして、他にも自分がリラックスする機会を見つけてごらん。

愛を交わした後、あなたはリラックスする……しかし同じ陰謀者たちの仲間が、愛を交わした後でさえ、あなたがリラックスするのを許さない。男性はくるりと向きを変え、眠ったふりをする。しかし心の底では、また罪を犯してしまったことに罪悪感を抱いている。女性は泣いている。なぜなら、自分は利用されたと感じるからだ。

人類に対するこれ以上の陰謀はあり得ない。男性は、すべてをできるだけ早く終わらせたいと思う。彼は内側に聖書やコーランやシュリマッド・バガヴァッドギータを携えていて、それらは彼の行為をこぞって非難する。彼もまた、自分は間違ったことをしていると思っている。だから当然、終えるのは早ければ早いほどいい。しかし、後で気が滅入《めい》る。これではリラックスのしようがない。彼はさらに緊張する。そして、男性があまりに性急なので、女性は決してピークに達することがない。彼女が始まる頃には、彼は終わっている。当然ながら女性は、男性なんて動物みたいなものだと思い始める。

教会や寺院では女性ばかり、特に年老いた女性ばかりが目に付く。そして聖職者が罪について語るとき、彼女たちはわかっている！　それは完全に罪だった。なぜなら、何の喜びも得なかったからだ。彼女たちは商品のように扱われた——性の対象として。

一方、罪から自由で、抑制から自由であるなら、愛はすばらしいゆだねの体験を与えてくれる。

自分の生活を見つめ、自然なゆだねの体験を見つけるといい。水泳はそのような瞬間を与えてくれるだろう。本当に泳げるなら、あなたは泳がずにただ浮いていられる。するとそのとき、途方もないゆだねを発見するだろう――あなたはただ川と共に進み、流れに逆らうどんな動きもせず、流れの一部になっている。

さまざまな源から、ゆだねの体験を集めるといい。すると間もなく、あなたはすべての秘密を手にするだろう。それは仕事中毒の条件づけから、あなたを自由にしてくれる。

それは、怠け者になるということではない。逆に、リラックスすればするほど、あなたはいっそう力強くなる。リラックスしているときは、より多くのエネルギーが集まってくる。あなたの仕事は、創造性の質を帯び始める――生産性ではなく。何をしても、あなたは全身全霊で、大いなる愛を込めて行なうようになる。そして、それを行なう途方もないエネルギーを得る。だから、ゆだねは仕事に背くものではないことを理解しなさい。むしろ、ゆだねは仕事を創造的な体験へと変容させる。

あなたが全一《トータル》な笑いを楽しめるよう、ジョークをいくつか話そう。全一な笑いは、あなたの顔や身体や腹から、すべての緊張を取り去る。あなたは突然、完全に異なる種類のエネルギーを自分の内側に感じる。そうでもしないと、ほとんどの人は常に腹に緊張を感じている。

パディーの友人のジョーは、社会人教育の夜間コースをとっていた。

「ロナルド・レーガンを知ってるか？」と彼はパディーに尋ねた。

「知らねえよ」と答えるパディー。

「彼は合衆国の大統領だ」とジョー。

「じゃあ、マーガレット・サッチャーを知ってるか？」

「いいや」とパディー。

「彼女は英国の首相だ」とジョー。「なあ、おまえも俺みたいに夜間学校へ行った方がいいぞ」

「今度は俺が質問するよ」とパディー。「ミック・オサリバンを知ってるか？」

「知らないな」とジョー。

「つまり、その」とパディー。「おまえが夜間学校に行っている間、お前の女房とやっている奴さ」

ある土曜日の午後、イエスとモーゼはゴルフに出かけた。まずモーゼが打ち、ボールはまっすぐ飛んでフェアウェイに落ちた。イエスはクラブを構えた。だが、第一打はスライスして丈の高い草むらに入ってしまった。

「やっちまったぜ！」イエスは叫んだ。モーゼは寛大にも、イエスにペナルティーなしでボールをフェアウェイに置いてもいいと言った。だがイエスは、頑固に申し出を断った。そこでモーゼは言った、「おいおいイエス、そんな丈の高い草むらの中では打てっこないよ」

「アーノルド・パーマーにできるなら、私にもできるさ」とイエスは答えた。そしてボールを強打したが、ボールはボチャン！と池に落ちてしまった。次にモーゼが打った第二打は、まっすぐグリーンに落ちた。彼は振り返ってイエスを見た。イエスはジーンズの裾を捲り上げていた。

「イエス、お願いだ！」モーゼは叫んだ。「後生だからファウェイにボールを置いてくれ。そんなショットを打つには奇跡が必要だよ！」

「アーノルド・パーマーにできるなら、私にもできるさ」とイエスは答えた。そしてイエスは、水面を大またで歩いて渡っていった。その光景を見ていた庭師は、モーゼに近づいて言った、「あの人、自分のことをイエス・キリストだと思っているんじゃないでしょうか？」

「とんでもない」とモーゼは答えた。「自分のことをアーノルド・パーマーだと思っているのさ！」

◆日々の瞑想

時間を見つけたらいつでも、呼吸を数分間リラックスさせてごらん。それだけでいい —— 全身をリラックスさせる必要はない。あなたは電車や飛行機や車の中に座っているが、あなたが何をしているか誰も気づかないだろう。ただ、呼吸のシステムをリラックスさせる。それが自然に機能しているときと同じ状態にする。そして目を閉じ、呼吸が出ていき、入ってきて、出ていく……それを見つめなさい。

集中してはいけない。集中したら問題を引き起こす。集中すると、すべてが障害になるからだ。車の中で座っているときに集中すると、車の騒音が障害になり、側に座っている人が障害になる。

瞑想とは集中ではない。それは純粋な気づきだ。ただリラックスし、呼吸を見守る。その見守る行為の中では、何ひとつ排除されない。車がブンブンと音をたてている——完全に申し分ない、それを受け容れなさい。車が行き交っている——それも構わない、生の一部だ。同乗の客が側でいびきをかいている——ただ、それを受け容れる。何ものも拒絶されない。意識を絞ってはいけない。

集中とは、意識を絞って一点にすることだ。しかし、他の一切が競合するものになる。その一点が失われるかもしれないと恐れるために、あなたは他のすべてと闘っている。気をそらされるかもしれない——それが障害となる。すると、人里離れた場所、ヒマラヤが必要だ。インドや、誰も決してあなたを邪魔することのない、静かに座れる部屋が必要になる。

いや、それは正しくない——それは生の過程にはなり得ない。あなたは孤立する。確かに良い結果がないわけではない——あなたは、より静寂や穏やかさを感じるだろう。しかし、こうした成果は一時的なものだ。その雰囲気は何度も失われる感じがする。ひとたび起こり得る条件が揃わないと、それは失われてしまう。

一定の必要条件を必要とし、一定の条件が満たされる必要のある瞑想は、まったく瞑想などではない——なぜなら死に臨むとき、そんな瞑想はできないからだ。死はたいへんな動揺だ。生があなたを動揺させるなら、ちょっと死について考えてごらん。あなたは瞑想的に死ねないだろう。だとしたら、すべては無意味であり無駄だ。あなたは再び苦悩や苦痛の中で、緊張し心配しながら死ぬ。そしてすぐに、同じような種類の次の生をつくり出す。

死を基準にするといい。死につつあるときでさえ行なうことができ、どこでも行なえることこそ本物だ。どこでも行なえ、必要条件がまったくないもの。ときたま良い条件があるなら、それはすばらしい。楽しむことだ。条件が悪くても問題はない。世間の中にあっても、それを行ないなさい。

それをコントロールしようとしないこと。あらゆるコントロールはマインドから来るものであり、瞑想は決してコントロールできないものだからだ。

マインドは瞑想できない。瞑想とはマインドを越えたもの、あるいはマインドに及ばないものだ。だが、瞑想は決してマインドの中にはない。だから、マインドが相変わらず見張りをし、コントロールしているとしたら、それは瞑想ではなく集中だ。集中はマインドの努力だ。集中はマインドの質を最高まで持っていく。科学者は集中し、兵士は集中する。狩猟者や研究者や数学者もみな集中する。これらはマインドの活動だ。

好きな時を選ぶといい。時間を決める必要はない。時間があれば、どんな時間でも利用しなさい。バスルームで10分間の時間があったら、シャワーの下に座って瞑想しなさい。午前あるいは午後、4回か5回、短い間隔で瞑想しなさい。すると、それが絶えることのない滋養になるのがわかるだろう。二十四時間それを行なう必要はない。

ほんの一杯の瞑想でも効果がある。川全体を飲み干すには及ばない。ほんの一杯の紅茶で充分だ。また、それをできるだけ簡単なものにしなさい。簡単ならば正しい。それをできるだけ自然なものにしなさい。そして、追いかけてはいけない――時間が見つかったら行なえばいい。習慣にしないこと。

あらゆる習慣はマインドのものであり、真の人は実のところ習慣を持たないのだから。

◆リラックスして気楽に

くつろぐためには、存分に快適であることだ。だから、快適にしていなさい。椅子に座り、好きな姿勢をとる。目を閉じ、身体をリラックスさせる。つま先から頭まで、内側の緊張がある箇所を感じなさい。膝に緊張を感じるのであれば、膝をリラックスさせる。ちょっと膝に触り、「どうぞリラックスしてください」と膝に言う。肩に何らかの緊張を感じるなら、ちょっとその箇所に触り、「どうぞリラックスしてください」と言う。

椅子に座ってリラックスし、照明は好みで暗くするか、あるいはほの暗くする。ただし、明るくしない方がいい。この20分間は邪魔しないでくれ、電話にも出ないし、まったく何もしないと皆に告げなさい――まるでその20分間は、外の世界が存在しないかのように。ドアを閉め、ゆったりとした服装で、リラックスして椅子に座る。どこにも窮屈なところがないように。そして、緊張のある箇所を感じ始める。緊張している箇所は、たくさん見つかるだろう。それらをまずリラックスさせなさい。なぜなら、身体がリラックスしていないと、マインドもリラックスできないからだ。身体はマインドがリラックスする状況を生み出す。身体はくつろぎの乗り物となる。

何らかの緊張を感じる箇所があったら、深い愛と慈悲をもって身体に触れてごらん。身体はあなたの召使だが、あなたは報酬を支払ったことがない——身体は贈り物に他ならない。また、身体は非常に複雑で、途方もなく多くの部分から成っている。科学は、いまだに身体のようなものをつくれずにいる。でも、私たちはそんなことは考えない。私たちは身体を愛していない。逆に、身体に怒りを感じている。

いわゆる聖人は、人々に馬鹿げたことを数多く吹き込んできた——身体は敵であり、あなたを堕落させるものであり、あなたを引きずり下ろすものであり、罪である——身体はあくまでも罪なのだと。あなたが罪を犯したければ、身体は手助けをする。それは本当だ。だが、責任はあなたにあり、身体にあるわけではない。あなたが瞑想したければ、身体は瞑想を助ける用意もある。あなたが下降したいなら、身体はあなたに従う。あなたが上昇したいなら、身体はあなたに従う。身体はまったく諸悪の根源などではない。全責任は、あなた自身の意識にある——だが、私たちは常に身代わり《スケープゴート》を見つけようとする。身体はもっとも古いスケープゴートのひとつだ。あなたは何でも投げつけるが、身体はものを言わない。身体は報復できない、返事もできない、あなたに間違っているとも言えない。だから、あなたが何と言っても、身体はそれに逆らう反応をしない。

全身を隈なく巡り、愛情のこもった慈悲や、深い思いやり、いたわりの気持ちをもって身体を包み込みなさい。少なくとも5分間はかかるだろう。すると、あなたはすっかり力が抜け、リラックスし、眠気に近いものを感じ始める。そうしたら、意識を呼吸に持っていきなさい。呼吸をリラックスさせる。

身体は私たちの一番外側の部分、意識は一番内側の部分であり、呼吸はそれらを結ぶ掛け橋だ。だから、ひとたび呼吸が失われると人間は死ぬ —— 掛け橋が壊れるからだ。もはや身体は、あなたの家として、住まいとしては機能できない。

そこで、身体がリラックスしたら、目を閉じて呼吸を見なさい。そして呼吸もリラックスさせる。ちょっと呼吸に話しかけてごらん。「どうぞリラックスしてください。自然でいてください」と。「どうぞリラックスしてください」と言った瞬間、あなたは微かなカチッという音に気づくだろう。普段、呼吸はとても不自然になっていて、私たちは呼吸をリラックスさせる方法を忘れてしまっている。というのも、私たちは絶え間なく緊張していて、呼吸を緊張させ続けるのがほとんど習慣になっているからだ。だから、呼吸にリラックスするよう2、3回言い、そしてただ沈黙していなさい。

第6章

意識への扉

The Door to Consciousness

大勢の人が鏡に従って生きている。人々は、鏡の中に見えるものが自分の顔だと思っている —— それが自分の名前であり、自分の自己証明《アイデンティティ》であり、すべてだと。

もう少し深く進み、目を閉じ、内側を見つめ、沈黙することだ。完全な沈黙の地点に至らぬうちは、自分とは誰かを知ることはないだろう。私がそれを教えることはできない。私が教えるすべはない。それは、一人一人が見つけなければならない。

だが、あなたは在るということは確かだ。唯一の問題は、あなたの最奥の核に到達し、自己を見出すことだ。そして、それこそ私が何年も説いてきたことだ。私が瞑想と呼ぶものは、自己を見出すための道具に他ならない。

私に尋ねてはいけない。誰かに尋ねてもいけない。あなたは自分の内側に、その答を持っている。そして、それを見つけるには、自分自身の中に深く降りて行くことだ。だが、それはとても近くにある —— 180度向き直るだけで、それに直面するだろう。

すると驚くだろう —— 自分の名前も、自分の顔も、自分の身体も、自分のマインドすらも、自分ではないということに。

あなたは、この全存在の一部だ。その美しさ、壮麗さ、無上の喜び、その途方もない歓喜《エクスタシー》の一部だ。

自己を知ることこそ、意識が意味することのすべてだ。

◆中心と周辺

身体そのものには何もない。身体が光輝くのは、身体を超えた何かによるものだ。身体の輝きは、身体そのものにはない。身体は主人であり、輝きは客人によるものだ。客人を忘れてしまったら、身体は耽溺以外の何ものでもない。客人のことを心に留めておくならば、身体を慈しみ、身体を祝うことは礼拝の一部だ。

現代の身体崇拝には意味がない。崇拝するがゆえに、人々は健康食品やマッサージやロルフィングを追い求め、ありとあらゆる方法で何とか人生に意味をつくり出そうとする。だが、その目を見てごらん──果てしない空虚さが存在している。あなたには、彼らが的を逸しているのがわかるだろう。そこに香りはなく、花は開かなかった。内側の深いところで、彼らはまさに砂漠のようであり、途方に暮れている。人々は身体のために様々なことをやり続けるが、的外れなことをしている。

こんな話を聞いたことがある。

ローゼンフィールドは満面の笑みを浮かべて帰宅した。

「どんなお買い得品を手に入れたか、わからんだろうな」と彼は妻に言った。「ポリエステル製、スチールベルト付き、ラジアル・タイヤを四本買ったぞ！　接地面が広くて、ホワイト・ウォールで、頑丈なタイヤだ。まだ売っていたんだ！」

「あなた、頭がどうかしてるんじゃないの？」ローゼンフィールド夫人は言った。「タイヤなんて買ってどうするのよ？　車を持ってないくせに」

「そんなこと言うんだったら」とローゼンフィールド、「おまえだってブラジャーを買うだろ？」

中心を見失うと、あなたは周辺を飾り立て続ける。それは他人を騙せるかもしれないが、あなたを満足させることはない。ときに、それは自分すらも欺くかもしれない。自分でつくり出した嘘も、頻繁に繰り返せば、本当のことのように見えてくるからだ。しかしそれは、あなたを満足させることも、充足感を与えることもできない。人々は懸命に人生を楽しもうとしているが、何の喜びもないようだ。

覚えておくといい —— 楽しもうとすれば必ず逃す。幸福を達成しようとすれば必ず逃す。幸福を達成しようとする、まさにその努力が無謀なことだ —— なぜなら、幸福はここにあるからだ。それを達成するのは不可能だ。幸福を得るためには、何ひとつ為すべきではない。ただ、それを許せばいい。それは現に起こっていて、あなたのまわり中にある —— 内側にも外側にも、あるのは幸福ばかりだ。他のものは何ひとつ真実ではない。

見つめなさい、深く見つめてごらん —— 世界を、樹々を、鳥たちを、岩を。星々を、月を、そして太陽を。人々を、動物を。深く見つめてごらん。存在は、幸福や歓びからできている。存在は至福からできている。存在に関しては、何ひとつ為す必要はない。まさにあなたの行為が障壁となり得る。リラックスすれば、それはあなたを満たしてくれる。リラックスすれば、それはあなたの中に勢いよく流れ込んで来る。リラックスすれば、それはあなたをあふれるほどに満たしてくれる。

人々は緊張している。緊張が生じるのは何かを追いかけているときであり、くつろぎが生まれるのは何かを許しているときだ。

人々は追いかけている。生から何かを得ようと、生を搾り取ろうと、懸命に追いかけている。何も出て来はしない。なぜなら、やり方が間違っているからだ。生を搾り取ることはできない。あなたは明け渡す必要がある。生は征服できない。あなたは生に負かされるだけの勇気を持たないといけない。そこでは負けることが勝つことだ。勝とうとする努力は、決定的で完全な敗北に他ならないことがわかるだろう。

生は征服できない。なぜなら、部分は全体を征服できないからだ。それはまるで、小さな雫が海を征服しようとしているようなものだ。そう、小さな雫は海に落ちて海になる。だが、海を征服することはできない。征服するには、むしろ海に落ち、海にすべり込むことだ。

人々は幸福を見つけようとして、身体のことを気にし過ぎている。それは、ほとんど強迫観念になり、関心の限度を超え、身体への執着になってしまった。人々は身体を通して、何かしら幸福とつながろうと努力している。だが、それは不可能だ。

第二の問題は、マインドには競争心があるということだ。あなたは実のところ、身体を愛していないのかもしれない。ただ、人と競っているだけなのかもしれない。人がしているから、自分もする必要があるのだ。

アメリカ人のマインドは、いまだかつてないほど浅薄で野心的なマインドであり、非常に世俗的なマインドだ。だからアメリカでは、実業家が最高の存在になっている。他のすべては、その背後に姿を消してしまった。金をコントロールする人物である実業家こそが、最高の存在だ。

インドでは、神の探求者であるバラモンが最高の存在だ。ヨーロッパでは、貴族が最高の存在だった——洗練され、学があり、細やかで、人生の機微に通じている。たとえば音楽、芸術、詩、彫刻、建築、古典舞踊、ギリシャ語やラテン語などの言語に。共産主義のもとでは、プロレタリアート、虐げられた者、抑圧された者、労働者が最高の存在だ。資本主義のもとでは、実業家すなわち金をコントロールする者がそうだ。

金儲けは、もっとも競争の激しい分野だ。教養はいらない。ただ金を所有すればいい。音楽や詩について知る必要はない。古典文学や歴史や宗教や哲学について知る必要はない。そう、何も知らなくて構わない。預金残高が高ければ、あなたは重要人物だ。だから私は、アメリカ人のマインドは、いまだかつてないほど浅薄だと言うのだ。それは、すべてを商業活動に変えてしまった。それは常に競争している。

ヴァン・ゴッホやピカソの作品を購入するにしても、あなたはそれがピカソだから買うのではない。隣近所が購入したからだ。彼らがそれを客間に掛けているなら、あなたも買わないわけにはいかない。あなたもピカソの絵を持っているべきだ。あなたは、ピカソの絵の正しい掛け方すら知らないかもしれない。というのもピカソの作品は、逆さまなのか正しい向きなのか、判別しにくいのだから。あなたは、それが本物のピカソの作品かどうかも、わかっていないかもしれない。よく見もしないで、人が持っているという理由で、あなたはそれを入手した。あなたは、金や財産をひけらかしたにすぎない。なぜなら、何であれ高価なものには意義があると思われているからだ。

金と隣人は、アメリカ的な成功を判断する唯一の基準であるようだ。あなたは隣人に負けないよう、見栄を張る必要がある。彼らのバスルームにサウナがあるなら、誰もがそれを手に入れて、仲間にならないといけない。そうでないと貧乏人に見えてしまう。誰もが丘に家を持っているなら、あなたも手に入れないといけない。あなたは丘での楽しみ方を知らず、そこでは退屈するだけかもしれない。あるいは、テレビやラジオを持ち込み、昔の家で聞いていた番組と同じものを聞くかもしれない。住む場所によって、何が変るだろう？答は、他人にとって重要なものが重要になるということだ。こうした調子で見栄の張り合いは続く。

こんな話を聞いたことがある。

ルーク老夫婦は、谷いちばんのケチとして知られていた。ルークが死んで2、3ヵ月後、彼の妻も死の床についていた。彼女は近所の人たちを呼び、弱々しく言った、「ルーシー、私に黒い絹のドレスを着せて埋葬しておくれ。でもその前に、後ろ側を切り取って、それで新しいドレスを作ってくれないかい。いい生地だったから、無駄にしたくないんだよ」

「そんなことできません」とルーシーは言った。「あなたとルークが黄金の階段を上るとき、あなたのドレスに後ろがなかったら、天使たちは何と言うでしょう？」

「天使たちは、私の方なんて見やしないよ」と彼女は言った。「ルークにズボンを穿かせないで埋葬したからね」

関心は常に他人にある——ルークはズボンを穿いていないから、誰もが彼を見るだろう。アメリカ人の関心は、常に他人にある。

子供が何の目的もなく走ったり、叫んだり、踊ったりしているのを見たことがあるかな？　――何の理由もなく。「なぜそんなに楽しいの？」と尋ねたら、子供は答えられないだろう。彼はきっと、あなたのことを頭がおかしいと思う。楽しくしているのに理由が必要だろうか？　「なぜ」と尋ねられることに、子供はただ驚く。肩をすくめ、また好きなように歌ったり踊ったりし始めるだろう。子供は何も持っていない。まだ首相でもないし、合衆国大統領でもない、ロックフェラーのような人でもない。子供は何も所有していない。たぶん、浜辺で集めた貝殻や小石ぐらいは、いくつかあるかもしれない――でも、それだけだ。

アメリカ人の生は、生が終わると終わる。身体が終われば、アメリカ人はおしまいだ。だから、アメリカ人は非常に死を恐れる。死の恐れゆえに、アメリカ人はあらゆる手段を用いて、延命を試み続けている――ときには馬鹿げた長さまでだ。現在、病院や精神病院で、大勢のアメリカ人がただの植物状態になっている。彼らは生きていない――とっくの昔に死んでいる。医者や薬や近代的な器具によって、命を保っているだけだ。彼らは、かろうじて生にしがみついている。

死の恐怖は計り知れない――ひとたび死んでしまえば、永遠に死に、何ひとつ残らない。アメリカ人は身体しか知らず、他のものはいっさい知らない。身体しか知らないとしたら、あなたは非常に貧しくなるだろう。

第一に、あなたは常に死を恐れる。そして、死ぬことを恐れる人は、生きることを恐れる。生と死は密接に絡み合っているから、死ぬのを恐れると、生きるのが怖くなる。死をもたらすのは生だ。死を恐れるなら、どうして心から生を愛せるだろう？　そこに恐れが生じる。死をもたらすのは生だ。あなたは生を全面的《トータル》に生きることができない。

死がすべてを終わらせるなら――それがあなたの信じることであり、理解であるなら――あなたの生は慌しい追いかけっこの人生だろう。なぜなら、死は常に近づいており、あなたは忍耐強くいられないからだ。だから、アメリカ人がスピード狂であるのも納得がいく。死が近づいているから、すべてを早く行なう必要がある。死ぬ前にできるだけ多くのことをこなし、死ぬ前に自分の実存をできるだけ多くの経験で満たすのだ。なぜなら、ひとたび死んでしまえば、おしまいなのだから。

これは途方もない虚無を生み出し、当然ながら苦悩や不安を生み出す。もし身体が何によっても生き長らえることがないなら、何をしようと深みは生まれない。すると、何をしても、あなたは満足できない。もし死が終わりであり、何も残らないのなら、生には何の意味も意義もない。すると生は、激怒と騒音に満ち、何の意味もなさない、愚か者が語る物語だ。

意識的な人であるバウルは、自分は身体の中にいるが身体ではないと知っている。彼は身体を愛する。身体は彼の住居であり、住まいであり、我が家だ。彼は身体に背かない。我が家に背くのは愚かなことだからだ。しかし、彼は物質主義者ではない。世俗的だが、物質主義者ではない。非常に現実的だが、物質主義者ではない。彼は知っている――死において、死ぬものは何もないと。死は訪れるが、生は続いていく。

こんなことを聞いた。

葬儀が終わり、葬儀屋のデズモンドは老紳士が傍に立っていることに気づいた。

「ご親戚で？」と葬儀屋は尋ねた。

「ええ、そうです」と年配者は答えた。

「おいくつですか？」

「94歳です」

「うーむ」とデズモンド。「ご自宅にお帰りになるのは、割に合いませんな」

あらゆる観念が、身体上の生に関するものだ。あなたが94歳なら、あなたは終わっている！　家に帰るのは割に合わないから、死んだ方がいい。帰宅するのに何の意味がある？また葬儀場に戻って来ないといけないのだ。それは割に合わない……死が唯一の現実であるなら、あなたが94歳だろうと24歳だろうと、どれほどの違いがあるだろう？　数年の違いでしかない。すると幼い者も老いを感じ始め、子供も自分はすでに死んでいると感じ始める。この身体が唯一の生であると理解するなら、いったい生に何の意味があるだろう？　なぜ生き続けるのか？

カミュは書いている —— 人間の根本的、形而上的な唯一の問題は自殺であると。私も同感だ。身体が唯一の現実であり、身体を超えたものが内側に何もないとしたら、自殺は考察し、熟考し、瞑想すべき、もっとも重要な問題だ。なぜ自殺しないのか？　なぜ94歳まで待たねばならないのか？　その途上で、あらゆる種類の問題や苦悩に苦しむのはなぜか？　死ぬことになっているなら、なぜ今日死なないのか？　なぜ明日の朝、再び起きるのか？　それは無益なことであるように思える。

一方でアメリカ人は、何とか体験を自分のものにし、何とか体験を逃すまいと、常に走り回っている。アメリカ人は町から町へ、国から国へ、ホテルからホテルへと、世界中を駆け巡っている。導師《グル》から導師へ、教会から教会へと探し回っている——死が近づいているために。

片や絶えず気が狂ったように追いかけながら、心の奥底ではすべては無駄だとも思っている——死がすべてを終わらせてしまうのだから。恵まれた生を送ろうと恵まれない生を送ろうと、知性があろうとなかろうと、大いなる愛の人であろうと失意の人であろうと、何の違いがあるだろう？　最終的に死が訪れ、すべての人を等しくしてしまう。賢者と愚者、聖人と罪人、覚者と白痴、誰もが地中に消えてゆく。だとしたら、いったい何の意味があるだろう？　仏陀だろうと、イエスだろうと、ユダだろうと、何の違いもありはしない。イエスは十字架の上で死に、ユダは翌日自殺した——二人とも地中に消えていった。

一方で、自分は逃すが他人は手に入れるかもしれないという恐れもある。あなたはよく承知している——たとえ手に入れたとしても何も得ていない、辿り着いたとしてもどこにも辿り着いていないということを。なぜなら死が訪れ、すべてを破壊してしまうからだ。

意識的な人は身体の中で生き、身体を愛し、身体を祝うが、彼は身体ではない。彼は自分の内側に、あらゆる死の後も存続するものがあることを知っている。永遠で、時が破壊できぬものがあることを知っている。彼は瞑想や愛や祈りを通して、それを感じるに至った。自分自身の実存の中にそれを感じるようになった。彼は恐れない。死を恐れない。なぜなら、生とは何かを知っているからだ。そして、彼は幸福を追いかけない。なぜなら、神が数限りない機会を与えてくれているのを知っているからだ。ただ、機会が与えられるのを受け入れればいいのだと。

大地に根を張っている木々が見えないだろうか？　木々はどこへも行けないが、それでも幸せだ。もちろん、幸福を追いかけることはできない――幸福を探しに行くことはできない。木々は大地に根づいており、動けない。だが、木の幸福があなたには見えないだろうか？　雨が降っているときの歓び、風が四方八方から吹いているときの深い満足が見えないだろうか？　そのダンスが感じられないだろうか？　木々は根を張っており、どこへも行かない。それでも生は、木々のもとにやって来る。

あらゆるものが、やって来る――あなたはただ、それを受容する力をつければいい。あらゆるものが、やって来る――あなたはただ、それを受け入れればいい。生はあなたに芽生える用意がある。あなたは障壁をつくり過ぎている。あなたがつくり出す最大の障壁は、追いかけることだ。追いかけて走っているせいで、生が訪れてあなたの扉をノックしても、いつもあなたはそこにいない。あなたはいつもどこか別の場所にいる。あなたは生を追いかけ続け、生はあなたを追いかけ続けている。そして出会いは決して起こらない。

在りなさい……ただ、在りなさい。そして待つ。忍耐強くありなさい。

◆身体、マインド、魂の調和

あなたの身体はエネルギーであり、あなたのマインドはエネルギーであり、あなたの魂はエネルギーだ。では、その三つの違いは何か？　違いは、リズムの違い、波長の違いだけ――それがすべてだ。身体は粗い――エネルギーは粗い形、目に見える形で機能している。

マインドはもう少し細かいが、非常に細かいというほどではない。なぜなら、目を閉じれば思考の動きは見えるからだ。見ることができるといっても、身体と同じように目に見えるわけではない。あなたの身体は、他人の目に見える。衆人の目に見える。あなたの思考は自分の目にだけ見える。他の人は誰も、あなたの思考を見ることはできない。見ることができるのは、あなただけ――あるいは、思考を見ることに深く専心してきた人だけだ。しかし普通、思考は他人の目には見えない。

そして三番目、あなたの内側の最後の層は意識だ。それは、あなたの目にすら見えない。それは対象化できないものであり、主観であり続ける。

この三つのエネルギーすべてが調和して機能するなら、あなたは健康であり全体だ。これらのエネルギーが調和と一致を保って機能しないなら、あなたは病気で不健康だ。もはや全体ではない。そして、全体（*whole*）であることは聖なる（*holy*）ことだ。

私の努力は、あなたの身体とマインドと意識が、すべてひとつのリズムで、共に深く調和して――まったく葛藤なく、協調しながら踊れるよう、あなたを助けることにある。

意識はエネルギーだ。もっとも純粋なエネルギーだ。マインドはあまり純粋ではない。身体はさらに純粋でない。身体には、非常に多くのものが混在している。マインドも完全に純粋ではない。意識は完全に純粋なエネルギーだ。

しかし、あなたがこの意識というものを知るのは、この三つから、混沌《カオス》ではなく秩序《コスモス》を生み出した場合に限る。人々は混沌の中で生きている——身体はあることを言い、ある方向へ行きたいと望むが、マインドは身体のことなど一向に構わない。なぜなら何世紀にもわたって教えられてきたからだ——あなたは身体ではない、身体は敵だ、身体と闘い、それを滅ぼさねばならない、身体は罪であると。

こうした観念のせいで——それは愚かで馬鹿げており、有害で有毒だが、あまりにも長く教え込まれてきたため、あなたの集合的マインドの一部となって存在している——あなたは、身体が自分とリズミカルにダンスするのを感じていない。

だから私は、ダンスや音楽を重視する。なぜならダンスの中でこそ、身体とマインドと自分が一緒に機能していると感じられるからだ。そしてこれらが共に機能しているとき、その歓びは計り知れず、その豊かさは途方もない。

意識はエネルギーのもっとも高次な形だ。これら三つのエネルギーが共に機能すると、第四のものが訪れる。第四のものは、これら三つが共に機能しているときは必ず存在する。これら三つが有機的なまとまりとなって機能するとき、第四のものは必ずそこにある。第四のものとは、その有機的なまとまりに他ならない。

東洋では、その四番目を単に「第四のもの」——トゥリヤと呼び、名前をつけなかった。三つには名前があるが、四番目には名前がない。第四のものを知ることは、神を知ることだ。言うならばこうだ —— あなたが有機的でオーガズミックなまとまりになっているとき、神が在る。あなたが混沌とし、バラバラで、葛藤していたら、神は居ない。あなたが諍《いさか》いをしている家のような状態でいるなら、神は居ない。

自分自身に途方もなく満足し、あるがままで幸せで、あるがままで至福に満ち、あるがままで感謝にあふれ、あなたの全エネルギーが共に踊っているとき —— あなたが自分の全エネルギーのオーケストラのようになっているとき、神が在る。その完全な一体感が、神というものだ。神は、どこかに居る人物ではない。神とは、三つのものが完全に一体となって、第四のものが生まれる体験だ。そして、第四のものは部分の総和を超えている。

一枚の絵画を分析すると、キャンバスと絵の具になる。しかし絵画は、キャンバスと絵の具の単純な合計ではない。それ以上の何かだ。その「それ以上の何か」が、絵画、絵の具、キャンバス、芸術家によって表現されている。その「それ以上の何か」とは美しさだ。バラの花を分析すると、化学物質やその構成要素がすべて見つかるだろう。だが、美しさは消えてしまう。それは単に部分の総和ではなく、それ以上のものだった。

全体は部分の総和を超えている。全体は部分を通して表現されているが、それ以上のものだ。それ以上のものを理解することは、神を理解することだ。神とは、その「それ以上」であり、「プラス」だ。それは宗教理論上の問題ではない。それは論理的な議論によって決定できるものではない。必要なのは、美を感じ、音楽を感じ、ダンスを感じることだ。そして究極的には、あなたの身体とマインドと魂の中に、ダンスを感じることだ。

この三つのエネルギーがオーケストラになるよう、それらを奏でる方法を学ぶといい。すると、神が在る。神が見えるわけではない、見えるものは何もない。神とは究極の見る者であり、観照だ。あなたの身体、マインド、魂を溶かす方法を学びなさい。自分がひとつのまとまりとして機能できる方法を見つけなさい。

それはたびたびランナーに起こる……。あなたはランニングを瞑想とは捉えないだろうが、ランナーはときに途方もない瞑想の体験を感じることがある。それを期待していたわけではないから、彼らは驚く。ランナーが神を体験するなどと誰が思うだろう？　だが、それは起こってきた。そして今やランニングは、ますます新しい種類の瞑想になりつつある。

ランニング中に、瞑想が起こることがある。走ったこと、ランニングを楽しんだことがある人なら……早朝、空気は爽やかで新鮮で、全世界は眠りから覚め、目覚めつつあった。あなたは走っていて、身体は美しく機能していた。空気は爽やかで、夜の暗闇の中から再び新しい世界が生まれていた。まわり中ですべてが歌い、あなたはとても生き生きした感じがしていた……。ランナーが消え、ランニングだけが存在する瞬間が訪れる。身体とマインドと魂が共に機能し始め、突然、内なるオーガズムが解き放たれる。

ランナーたちは、ときに第四のもの、トゥリヤを偶然に体験してきた。だが、それを見逃してしまう。彼らはこう思うからだ――その瞬間が楽しかったのは、単にランニングによるものだった。すばらしい日だったし、身体は健康で、すべてが美しかった。それは単に、一種の気分だったのだと。彼らはそれを気にも留めない。しかし、それに注意を向けるなら、私自身の観察からすると、ランナーは誰よりも容易に瞑想に近づくことができる。ジョギングも大いに助けになり得るし、水泳も大いに助けになり得る。これらはすべて、瞑想へと変容されるべきだ。

瞑想とは単にヨーガの姿勢をとって木の下に座ることだといった、瞑想への古い考えは捨てなさい。それはさまざまな方法の中のひとつにすぎない。数人には向いているかもしれないが、万人向きではない。幼い子供にとって、それは瞑想ではなく拷問だ。活発で元気な若者にとって、それは瞑想ではなく抑圧だ。人生を生きてきて、エネルギーが下降しつつある老人にとっては、おそらく瞑想かもしれない。

人はそれぞれ異なり、さまざまなタイプの人がいる。エネルギーの低い人にとっては、ヨーガの姿勢をとって木の下に座ることが、最良の瞑想かもしれない。ヨーガの姿勢は、もっともエネルギーの消費が少ない――最少だ。背骨がまっすぐになり、大地と90度の角度をなすとき、身体のエネルギーの消費は最少で済む。左や前方に上体を曲げると、身体はより多くのエネルギーを使い始める。なぜなら、重力があなたを下へ引っ張り始めるのに対し、あなたは倒れないよう自分自身を保持し、支えなければならないからだ。これは消費となる。まっすぐな背骨は、エネルギーの消費が最少で済むことがわかっている。

エネルギーの低い人にとっては、手を重ねて座ることも非常に有効だ。なぜなら、両手が互いに触れ合っていると、あなたの生体電気は円状に動き始めるからだ。生体電気は体外へ出て行かず、内なる円となり、エネルギーはあなたの内側で動く。

知っておくといい —— エネルギーは常に指から放たれる。エネルギーは、決して丸い形状のものからは放たれない。たとえば、頭はエネルギーを放出できない。頭はエネルギーを保っている。エネルギーは、指やつま先や手を通して放出される。あるヨーガの姿勢では足が合わさるため、一方の足が放出したエネルギーは、もう一方の足に入っていく。一方の手が放出したエネルギーは、もう一方の手に入っていく。あなたは自身のエネルギーを受け取り続け、エネルギーの内なる円となる。その状態は、深い休息とくつろぎに満ちている。

ヨーガの姿勢は、可能なかぎり最高にリラックスした姿勢だ。それは睡眠よりも深いくつろぎを与えてくれる。寝ているとき、全身は重力に引っ張られている。水平になっているとき、全身はまったく別の形でくつろいでいる。なぜならその姿勢は、人間がまだ動物で、水平だった太古の日々へと、あなたを引き戻すからだ。くつろぎが訪れるのは退行するからであり、あなたが再び動物になるのを助けるからだ。

だから横たわった姿勢だと、あなたは明晰に考えることができない。考えるのは困難になる。やってごらん。夢を見るのは簡単だが、考えるのは難しい。考えるには座る必要がある。座るときにまっすぐになればなるほど、よく考えられるようになる。思考は後から現れたものだ。思考は、人が垂直になってから現れた。人が水平だった頃は夢見があり、思考はなかった。だから横たわると夢を見始め、思考は消え去る。それは一種のくつろぎだ。思考が停止し、あなたは退行する。

エネルギーの低い人、病気の人、年老いた人、人生を生きて死が間近に迫りつつある人にとって、ヨーガの姿勢はよい瞑想となる。

数多くの仏教僧は、蓮華座で座りながら死んだ。死を受け入れる最良の方法は、蓮華座の中にあったからだ。蓮華座だと、あなたは完全に油断のない状態になる。エネルギーは消えてゆき、エネルギーは一瞬ごとに減ってゆく。死が近づいている。蓮華座だと、最後の最後まで油断のなさを保つことができる。死にゆくときに油断なくあることは、すばらしい体験のひとつであり、究極のオーガズムだ。

死にゆくときに目覚めているなら、あなたは完全に異なる種類の誕生を得る —— あなたは目覚めて生まれる。目覚めて死ぬ人は、目覚めて生まれる。無意識に死ぬ人は、無意識に生まれる。意識して死ぬ人は、自分にふさわしい子宮を選ぶことができる。彼には選択肢がある。それは彼が獲得したものだ。無意識に死ぬ人には、子宮を選ぶ権利がない。子宮は、無意識に偶然に見つかる。

今生で完全に油断なく死ぬ人は、あと一回しか生まれない。次は生まれる必要がないからだ。残っている仕事はほんの僅か —— 最後の生が、その仕事をするだろう。気づきを持って死ぬ人には、今やたったひとつのことが残されるのみだ —— 彼には、気づきを慈悲に向けて放つ時間がなかった。今度は、気づきを慈悲に向けて放つことができる。気づきが慈悲にならなければ、何かが未完結のまま残り、何かが不完全なまま残ってしまう。

ランニングは瞑想になり得る――ジョギング、ダンス、水泳、何でも瞑想になり得る。私の瞑想の定義はこうだ――あなたの身体、マインド、魂が共にリズミカルに機能しているとき、それは常に瞑想だ。なぜなら、それは第四のものをもたらすからだ。そして、自分がそれを瞑想として行なっていることに油断なく気を配っているなら――オリンピックに参加するのではなく、瞑想として行なっているなら、それは途方もなく美しい……。

ただし基本原則として、どんな瞑想であれ、身体、マインド、意識の三つが、すべてまとまって機能するという必要条件を満たさなければならない。するとある日、第四のものが訪れる――すなわち観照だ。呼びたければ、それを神と呼んでもいい。神、涅槃《ニルヴァーナ》、道《タオ》――何と呼んでも構わない。

◆あなたは身体ではない

自分は身体であると思っている人は、常に急いでいる。だから西洋人は慌しく、スピードに取り憑かれているのだ。基本的に、それは身体との同化によるものだ。生は瞬く間に過ぎ、あなたの手をすり抜けて行く――何かを行ない、しかも即座に行ない、急がないといけない。さもないと生を逃してしまう。また、それを実行するより良い手段を見つけ、より速い手段を見つける必要がある。スピードが熱狂の対象になってしまった。ある場所に、いかにより速く辿り着くか――それが唯一の関心事になっている。なぜそこに辿り着きたいかには、誰も関心を寄せない。そもそも、なぜそこに行きたいのか？　それは重要ではない。そうではなくて、より速く辿り着くべきなのだ。そして、そこに辿り着いた瞬間、あなたは別の場所に到達しようと考え始める。

マインドは、常に焦燥に駆られた状態にある。これは基本的に、私たちが周辺に同化しているからだ。そして身体はいずれ死ぬものだから、人は死に悩まされる。西洋では、死は依然として禁忌《タブー》だ。ひとつのタブーは破られた —— セックスに関するタブーだ。しかし、第二のタブーは第一のものよりも根が深く、まだ存在している。このタブーを破るには、再びフロイトのような人が必要だ。

人々は死の話をしない。もしくは、話すにしても遠まわしに話す —— 神のもとに召された、天国に召された、永遠の眠りについた、というように。しかし、身体の中に生きてきただけだとしたら、その人はどこへも行かなかったということだ。彼は死んでいる。ただ死んでいる —— 塵から塵に帰るようなものだ。別の身体へと去ってしまった者は、ここのこの身体にはいなかった。なぜなら、彼はこの身体にいたことに気づかなかったからだ。彼は、まったく気づかぬままだった。

別の道は、内なる意識に留意することだ。身体とは重量があり、よく目立ち、表に現れており、目に見え、触れることができ、形あるものだ。意識とは目に見えぬものであり、あまり表面に現れない。それを探し、深く掘り進むといい。それには努力が必要だ。自分自身の実存を探索するために、たゆまず取り組まねばならない。それは旅だ。

しかし、ひとたび自分自身を意識として感じ始めたら、あなたは完全に違う世界に住んでいる。すると何も急ぐことはない——意識は永遠であるからだ。そして何の心配もない——意識には病も死も敗北もないからだ。すると、他のものを探す必要はない。身体は不足だらけだから、欲望に次ぐ欲望を生み出す。身体は乞食だ。しかし意識は皇帝だ——全世界を所有している。意識は主《あるじ》だ。

ひとたび自分の内なる実存の顔を知れば、あなたはリラックスする。すると生は、もはや欲望ではなく、祝祭となる。すべてはすでに与えられている。星、月、太陽、山、川、そして人——すべてが与えられている。それを生き始めることだ。

これをあなたの探求としなさい。意識の探求——生はこれに尽きる。意識はそこにある。だが、それは秘められた宝だ。そして当然、宝を持っていたら、それを誰にも盗まれないよう、奥深くに隠しておくものだ。神は、あなたの実存のもっとも深い核の部分に意識を置いた。身体は玄関にすぎない。身体は、もっとも奥の部屋ではない。だが、多くの人々はただ玄関で暮らしており、それが人生だと思っている。人々は、まったく自分の実存の家に入ることがない。

生を自己へと向かう旅にしなさい。身体を利用し、身体を愛しなさい——それは美しいメカニズムであり、貴重な贈り物だ。その神秘はすばらしい。だが、それと同化してはいけない。身体はちょうど飛行機のようなものであり、パイロットはあなただ。飛行機はすばらしいもので非常に役立つが、パイロットは飛行機ではない。そしてパイロットは、自分が別個の存在であり、飛行機から距離をおき、超然とし、離れていて、遥か遠くにいることを覚えておく必要がある。彼は乗り物の主《マスター》だ。

だから、身体を乗り物として利用しなさい。ただし、意識を王座に着かせることだ。

◆ゴール指向から祝祭へ

くつろぎとは、エネルギーが未来にも過去にも、どこにも動いていない状態のことだ——エネルギーはただそこに、あなたと共にある。あなたは、自分のエネルギーを湛えた静かな場所に包まれ、そのぬくもりに包まれている。この瞬間がすべてだ。他の瞬間は存在しない。時間が止まると、くつろぎがある。時間があるなら、くつろぎはない。ただ時計が止まり、そこには時間がない。この瞬間がすべてだ。あなたは他に何も求めない。ただ、それを楽しんでいる。ありふれた物事を楽しめるのは、それが美しいからだ。実のところ、何ひとつありふれたものはない——神が存在するなら、すべては特別だ。

ごくささやかな物事……。まだ露の蒸発していない芝生を歩き、そしてその場を全面的に感じる——肌触り、芝生の触感、露の冷たさ、朝の風、日の出。幸せになるために、さらに何が必要だろう？　幸せになるために、さらに何ができるだろう？　夜、ベッドの冷えたシーツに横たわり、その肌触りを感じ、シーツがだんだん暖まっていくのを感じる。あなたは暗闇に包まれ、夜の静けさに包まれている。目を閉じ、ただ自分自身を感じる。これ以上何が必要だろう？　あり余るほどだ——深い感謝が湧き起こる。これが、くつろぎだ。

くつろぎとは、この瞬間は充分すぎるほどであり、求め期待し得る以上だという意味だ。求めるものは何もない、充分すぎるほど、望み得る以上だ——そのとき、エネルギーはどこにも動かない。それは静かな池になる。あなたは、自分自身のエネルギーの中に溶けてゆく。この瞬間がくつろぎだ。くつろぎとは、身体やマインドに由来するものではない。くつろぎとは全面的なものだ。だから覚者たちは「無欲になれ」と言い続ける。彼らは、欲望があるとリラックスできないことを知っている。「死者を埋めよ」と、彼らは言い続ける。過去にとらわれ過ぎていると、リラックスできないからだ。彼らは、「まさにこの瞬間を楽しめ」と言い続ける。

イエスは言う、「ユリを見るがいい。野のユリをよく見るがいい——あくせくせず、いよいよ美しい。その輝きはソロモン王に勝る。ユリたちは、ソロモン王より芳《かぐわ》しい香を漂わせて立ち並んでいる。ごらん、ユリをよく見てごらん！」

彼は何を言っているのだろう？　彼は言っている、「リラックスしなさい！　あくせくする必要はない——実のところ、すべては与えられている」。イエスは言う、「彼が、空の鳥たち、動物たち、野生の動物たち、木々や植物たちの面倒を見てくれているのに、なぜあなたは心配するのだ？　彼があなたの面倒を見ないとでもいうのかね？」。これがくつろぎだ。なぜあなたは、そんなに未来のことを心配しているのだろう？　ユリをよく見てごらん、ユリを見つめてごらん、そしてユリのようになってごらん——そしてリラックスする。くつろぎとは、ある特定の姿勢ではない。くつろぎとは、あなたのエネルギーの全面的な変容だ。

エネルギーは二つの側面を取り得る。ひとつは動機づけられたもの、どこかへ行こうとすること、どこか目的地へ向かおうとするものだ。この瞬間は手段にすぎず、どこか別の場所に達成すべきゴールがある。これが、あなたのエネルギーのひとつの側面だ —— 活動、ゴール指向の側面。そのとき、すべては手段となっている。何とかそれを為し遂げ、あなたはゴールに辿り着かねばならない。そうすればリラックスする。だが、この種のエネルギーにとって、ゴールは決して訪れない。なぜならこの種のエネルギーは、現在の瞬間をことごとく何か別のもののための手段や、未来に変え続けるからだ。ゴールは常に水平線上にある。あなたは走り続けるが、ゴールとの距離は同じままだ。

いや、エネルギーには別の側面がある。それは、動機づけのない祝祭だ。ゴールは今ここにある。どこか別の場所にあるわけではない。実のところ、あなたがゴールだ。実のところ、この瞬間をおいて他に達成はない —— ユリをよく見てごらん。あなたがゴールであり、ゴールが未来にないとき、達成すべきものが何もないとき、むしろただそれを祝えばいいだけであるとき、あなたはすでにそれを達成している。それはそこにある。これがくつろぎであり、動機づけのないエネルギーだ。

だから私にしてみると、人には二つのタイプがある —— ゴールを追い求める人と祝祭の人だ。ゴール指向の人は気違いだ。やがて彼らは狂ってしまう。しかも、彼らは自ら狂気をつくり出している。すると、狂気にはそれ自体の勢いがあるため、彼らは次第に深みにはまっていく——そして完全に道を見失ってしまう。もう一方のタイプは、ゴールを追い求める人ではない——彼はまったく追い求める人ではなく、祝祭の人だ。

そして私は、これをあなたに教えたい。祝祭の人でありなさい！　祝いなさい！　すでに充分すぎるほどある——花々は咲き、鳥たちは歌い、空には太陽がある。それを祝いなさい！　すると突然、あなたはリラックスし、緊張も苦悩もなくなる。苦悩となっていたエネルギーは、すべて感謝になる。あなたのハート全体は、深い感謝の念で鼓動し続ける——それは祈りだ。それが祈りというものだ——深い感謝の念で鼓動するハート。

そのために何かをする必要はない。ただ、エネルギーの動きを理解すればいい。動機づけられていないエネルギーの動きを。それは流れる。だが、ゴールに向かってではなく、祝祭として流れる。それは動く。ゴールに向かってではなく、それ自身のあふれ出るエネルギーによって動く。

子供は踊り、飛び跳ね、駆け回る。子供に尋ねてごらん、「どこへ行くの？」と。子供は、どこにも行きはしない。子供はあなたのことを馬鹿だなと思う。子供はいつも、大人のことを馬鹿だと思っている。「どこへ行くの？」とは、何と間抜けな質問だろう？　どこかへ行く必要があるのだろうか？　子供は、まったくあなたの質問に答えられない。なぜなら、その質問は的外れだからだ。彼はどこにも行きはしない。ただ、肩をすくめるだろう。「どこにも行かないよ」と言うだろう。するとゴール指向のマインドは尋ねる、「それなら、なぜ走っているんだい？」──私たちにとって行為とは、それが何かになってこそ意味をなすものであるからだ。

だから私はあなたに言う──行くべき場所はどこにもない、ここがすべてだ。存在全体は、この瞬間に最高潮に達し、この瞬間に集中している。存在全体は、すでにこの瞬間に注がれている。そこにあるすべてが、この瞬間に注がれている──それは今ここにある。子供は、ただエネルギーを楽しんでいる。子供は充分すぎるほど手にしている。彼が走っているのは、どこかへ辿り着かねばならないからではなく、あり余るほど持っているからだ。彼は走らずにはいられない。

動機を持たずに行動しなさい。ただ、エネルギーのあふれるままに。分かち合いなさい。でも取り引きしてはいけない。駆け引きしてはいけない。持っているがゆえに与える──見返りを得るために与えるのではない。そんなことをしたら、惨めになるだろう。取り引きをする者はみな地獄へ行く。最高の商人や交渉人を見つけたかったら、地獄へ行くといい。彼らはそこにいるだろう。天国は商人のための場ではない。天国は祝祭の人のための場だ。

では、実際に何をすべきだろう？　もっと気楽になること。もっと今ここに在ること。もっと行為そのものになり、もっと非活動的になること。もっと空洞になり、空っぽになり、受動的になること。もっと観る人になること──無頓着で、何も期待せず、何も欲しがらない。あるがままの自分に満足すること。お祭り気分でいることだ。

◆住人を思い出す

人は身体の中にいるが、身体ではない。身体はすばらしいものだ。身体は慈しみ敬われるべきだが、自分は身体ではなく、身体の住人であることを忘れてはならない。身体は寺院だ。あなたにとってそれは宿主だが、あなたはその一部ではない。身体は大地から寄与され、あなたは空から訪れている。肉体を持つあらゆる生き物と同様に、あなたの中では大地と空が出会っている。それは大地と空の恋愛だ。

あなたが死ぬとき、死ぬものは何もない。外側から見ると、死んだように見えるだけだ。身体は少し休息をするために大地に帰り、魂は少し休息するために空に帰る。何度も何度も、出会いは起こる。無数の形で遊びは続く。それは永遠の出来事だ。

だが、すっかり身体になり切ってしまう人もいる。それが惨めさを生み出す。「自分は身体だ」と思い始めると、生は非常に耐えがたいものになる。すると、ちょっとしたことが気に障り、ちょっとした痛みが大仰なものになる。ほんのかすかな傷でも気になり、頭が混乱してしまう。

あなたとあなたの身体には、少し距離が必要だ。その距離は、この事実に気づくことによって生み出される――「私は身体ではない、私は身体ではあり得ない。私は身体を意識している。だから、身体は私の意識の対象だ。そして、何であれ私の意識の対象は、私の意識にはなり得ない。意識とは見守ることであり、観照することだ。そして観照されるものは、何であれ別個のものだ」

この体験が深まるにつれ、苦悩は消えて蒸発し始める。すると、痛みと喜びはほとんど似通ったものとなり、成功と失敗は同じで、生と死に違いはなくなる。そのとき、選択肢はない。人は醒めた無選択の中に生きる。その醒めた無選択の中に、神が降りて来る。醒めた無選択——それは、あらゆる宗教が探求してきたものだ。インドではそれをサマーディと呼び、日本ではそれを悟りと呼ぶ。キリスト教の神秘家たちはそれを法悦《エクスタシー》と呼んだ。

「エクスタシー」という言葉は、非常に意味深い。それは、際立っているものという意味だ。自分の身体から傑出すること、自分は身体とは別であると知ること、それがエクスタシーの意味だ。それが起こる瞬間、あなたは再び失われた楽園の一部となり、再び楽園を取り戻す。

第７章

心身への語りかけ——忘れ去られた言語を思い出す <ＯＳＨＯ瞑想セラピー>

人びとは身体と友だちになる方法を
教わる必要がある。——OSHO

Reminding Yourself of the Forgotten language of Talking to the BodyMind— An OSHO Meditative Therapy

この誘導瞑想《ガイド》は、私たちの多くが忘れてしまった言語を思い出すプロセスです。それは、自分自身の身体とコミュニケーションをとるための言語です。身体とコミュニケーションをとり、それに語りかけ、そのメッセージに耳を傾けることは、古代チベットの有名なプロセスです。

現代医学は、聖者や神秘家たちがとっくに知っていたことを、今ようやく認識し始めています —— マインドと身体は別個のものではなく、深く関連していると。体調がマインドに影響を及ぼすように、マインドは体調に影響を及ぼします。

ＯＳＨＯは特に現代の男女のために、多くの瞑想技法を編み出しました。

このガイド瞑想は、彼のガイダンスによって開発されたものです。彼は言います——。

ひとたび自分の身体とコミュニケーションをとり始めたら、事はとても容易になる。身体に無理強いする必要はない。身体を説得するといい。身体と闘う必要はない —— それは醜く、暴力的で、攻撃的だ。そして、あらゆる種類の葛藤は、ますます緊張を生み出す。だから、どんな葛藤の中にも留まらないこと——やすらぎを心がけなさい。

また、身体は神からのとてもすばらしい贈り物だから、それと闘うことは神その人を否定することになる。身体は神殿だ……私たちはその中に収まっている。身体は寺院だ。私たちはその中で生きており、全面的にその手入れをする必要がある——それは私たちの責任だ。

そこで7日間……はじめのうちは、少し馬鹿々々しく思うかもしれない。というのも、自分の身体に語りかけるだなんて、私たちは教わったこともないのだから――だが、それを通して奇跡が起こる。私たちが知らないうちに、奇跡はすでに起こっている。私が話すとき、話すにつれて私の手は仕草《ジェスチャー》をする。私はあなたに話している――何かを伝達しているのは、私のマインドだ。私の身体は、それに従う。身体はマインドと協調関係にある。

手を挙げたければ、何かをする必要はない――ただ単純に手を挙げるだけだ。手を挙げたいと思うだけで、身体は従う――それは奇跡だ。ところが実のところ、生物学も生理学も、それがどんなふうに起こるのか、いまだに説明できていない。なぜなら、思いは思いだからだ。手を挙げたいと思う――これは思いだ。この思いが、どんなふうに手への物理的なメッセージに変容されるのだろう？　しかもまったく時間がかからない――ほんのわずかな間合か、ときにはまったく時間差《ギャップ》がない。

たとえば、私が話すと私の手は一緒に動き続けている――時間差がない。身体は、まるでマインドと平行して動いているかのようだ。それはとても繊細なことだ――いかに自分の身体に語りかけるかを学ぶといい。すると、多くのことが為されるだろう。

――OSHO

◆ＣＤの使い方

この瞑想は、自分自身と、自分の身体と、そして自分のマインドと友だちになるためのものです。あなたは自分のマインド ── すなわち思考と感情が、身体を通していかに表現されているかに、気づくようになるでしょう。痛み、病気、中毒（たとえば過食、アルコール、砂糖）などを扱い、それを癒すことができます。

このプロセスは、自己治癒力を結集させ、深くリラックスするためのチャンスです。

瞑想は三つのパートに分かれています。

❶自分の身体の特定の箇所に話しかけ、そして全身に話しかけます。

声に出すといいでしょう。油断なく意識的であり続ける助けになります。

❷身体の問題について、自分の無意識のマインドとコミュニケーションをとります。患っていること、太りすぎ、痛みなどの問題。もしくは、単にもっと生き生きと健康でありたいといった願いについて。

深くリラックスした状態で、自分の無意識のマインドの一部とつながります。それは、あなたの体調の責任を預かっています。敬意と親愛の情を抱いて、それに近づきましょう。たとえば、自分の体重が問題だと感じているなら、これに責任を持つあなたの無意識のマインドの一部は、あなたにとって実に献身的な召使であり、守護者です。この守護者は、あなたを太りすぎにすることによって、あなたを助け、守ろうとしてきたのです。守護者は深いトランス状態の中で、前向きな意図をかなえる新たな方法を創造できます —— あなたの身体を再び自然に健康にしながら。こうして心身の仕組み、そして自身を癒す力について新たな理解に至ります。

❸癒しのトランス —— 自分の身体、マインド、魂はひとつであるという理解が深まります。

ただし、この技法を使い始める前に、いくつか大切なことがあります。

1．これは大切な留意点ですが、**痛みや、何度も訪れる身体の不快な症状は、重大な病気の徴候かもしれません**。主治医に相談し、それが病気の症状であるか否かの判断を仰いでください。この技法は、あなたがそれを行なったという想定のもとに提供されています。

2．ＯＳＨＯは言います —— 。
「この心身への語りかけという技法は、身体がすでに為し得ていることや、その能力の範囲内のことに対して用いることができる」

不可能なことを身体に望むなら、信頼は壊れ、効果はないでしょう。「あなたが目を持っていないとしたら、どうやって身体に見ろと言えるだろう？」 —— と彼は言います。しかし、偏頭痛、身体の痛み、身体が自力で癒せる範囲の機能などの一般的な事柄については、この手法は大きな助けとなるでしょう。

3．**不快感や疾病に、じかに語りかけないでください。**

疾病は身体の一部ではなく、外的なものです。むしろ、身体に対抗するものなのです。脳や身体に語りかけてください。不快感そのものにではなく。そしてそれが去ったら、不快感を追い払ってくれたことを脳や身体に感謝しましょう。基本的に、私たちは脳に語りかけ、脳は身体に語りかけます。しかし、私たちはその言語を知りません。私たちは、腕に上がるように命じれば腕を上げられるし、腕はマインドの指示に従うことを知っています。しかし、内なる心身のはたきに関して、身体が従うには何が正しい指示であるのか、正確には知りません。ＯＳＨＯは言います。

「これこそ真の三位一体だ ―― 魂、マインド、身体。魂は直接的には何もできない。痛みに去ってくださいと頼むのは人だ。脳が身体に話しかけるのだ」

ＯＳＨＯは瞑想の実験をする人々に、次のような示唆を与えました。あなたの助けになることでしょう。

＜減　量＞

まず脳に言いなさい ―― 私は身体にメッセージを送っており、脳はそれを伝えなければいけないと。そして身体に、5ポンドまたは5キロ痩せている方が理想的で、正常に消化できると率直に言いなさい。食べる行為は、まったく巻き込まないこと。ただ身体に、何ポンドか痩せる必要があると言うのだ。その地点に辿り着いたら、そこに留まるよう、身体に言いなさい。これ以上、痩せる必要はないし、太る必要もないと。

＜偏頭痛＞
一通りのやり方で、身体に話しかけなさい。第一に、全身に話しかける。脳の痛みを追い払うには、全身の助けが必要だと言う。痛みは自然なあり方ではないと身体に説明しなさい。この痛みに耐える必要はない。次に直接、脳に話しかける。自分の言葉で語りなさい――「私は君を本当に愛しているけれど、この痛みは君の本質の一部ではない。それを取り除くべき時だ」と。そして痛みが去ったら、それを引き戻してはいけないと、簡単に脳に再認識させなさい。

◆瞑想のための準備

この癒しの瞑想を深く学べば、それはあなた自身の最良の友となります。瞑想を始める前に、これからの時間は邪魔されないよう、必要な準備をすべて整え、このプロセスに深くくつろぎましょう。

近くに毛布を置き、必要があれば利用して、充分に暖かくしていましょう。

今日は身体のどんな問題点や症状に取り組むのか、数分考えます。それから、自分が完全に快適な状態になるようにします。自分にとって最良に感じられるのであれば、どのようでも構いません。そしてＣＤをかけます。他には何もする必要はありません。

あとがき

このプロセスとＯＳＨＯに関する詳しい情報は下記をご覧ください。
www.osho.com

この身体への気づきのプロセスは、ＯＳＨＯメディテーション・リゾートや全世界のさまざまな場所で、プログラム・コースとして提供されています。プロセスは通常、一日一時間、七日間にわたって提供されます。プログラムの情報の詳細は、**www.osho.com/bodymaindbalancing**をご参照ください。

●ＯＳＨＯメディテーション・リゾート

ＯＳＨＯメディテーション・リゾートは、より油断なく、リラックスして、楽しく生きる方法を、直接、個人的に体験できる場所です。インドのムンバイから南東に約百マイルほどのプネーにあり、毎年世界の百カ国以上から訪れる数千人の人びとに、バラエティーに富んだプログラムを提供しています。
www.osho.com/resort

●ＯＳＨＯについて

ＯＳＨＯの説くことは、個人レベルの探求から、今日の社会が直面している社会的あるいは政治的な最も緊急な問題の全般に及び、分類の域を越えています。彼の本は著述されたものではなく、さまざまな国から訪れた聴き手に向けて、35年間にわたって即興でなされた講話のオーディオやビデオの記録から書き起こされたものです。ＯＳＨＯはロンドンの「サンデー・タイムス」によって『二十世紀をつくった千人』の一人として、また米国の作家トム・ロビンスによって『イエス・キリスト以来、最も危険な人物』として評されています。

ＯＳＨＯは自らのワークについて、自分の役割は新しい人類が誕生するための状況をつくることだと語っています。彼はしばしば、この新しい人類を「ゾルバ・ザ・ブッダ」――ギリシャ人ゾルバの世俗的な享楽と、ゴータマ・ブッダの沈黙の静穏さの両方を享受できる存在として描き出します。

ＯＳＨＯのワークのあらゆる側面を糸のように貫いて流れるものは、東洋の時を越えた英知と、西洋の科学技術の最高の可能性を包含する展望《ヴィジョン》です。

ＯＳＨＯはまた、内なる変容の科学への革命的な寄与――加速する現代生活を踏まえた瞑想へのアプローチによっても知られています。

その独特《ユニーク》な「活動的瞑想法《アクティブ・メディテーション》」は、まず心身に溜まった緊張《ストレス》を解放することによって、思考から自由でリラックスした瞑想の境地を、より容易に体験できるよう構成されています。

◆ガイド瞑想ＣＤについて

ガイド瞑想ＣＤ「心身への語りかけ ―― 忘れ去られた言語を思い出す」の声はデヴァ・ヨーコです。彼女はインドのOSHOメディテーションリゾートでガイド瞑想＜トーキング トゥ ユア ボディ マインド＞及びメディテーションリーダーのためのトレーニングも修了しています。その他、ヨガインストラクターとしてクラスを持つなど長年に渡り瞑想を通して、ヒーリングや心とからだのリラクゼーション等について学んでいます。

こころで からだの 声を聴く
──ボディ マインド バランシング──

2007年11月1日　第1刷発行
2019年11月22日　第4刷発行

講　話■OSHO
翻　訳■マ・アナンド・ムグダ
照　校■スワミ・アドヴァイト・パルヴァ
マ・ギャン・シディカ
装　幀■スワミ・アドヴァイト・タブダール
発行者■マ・ギャン・パトラ

発行所■市民出版社
〒167―0042
東京都杉並区西荻北1―12―1　エスティーアイビル
電　話03―6913―5579
FAX03―6913―5589
郵便振替口座：00170―4―763105
e-mail：info@shimin.com
http://www.shimin.com

印刷所■シナノ印刷株式会社
Printed in Japan
ISBN978-4-88178-187-6 C0010 ¥2400E

付　録

●著者（ＯＳＨＯ）について

ＯＳＨＯの説くことは、個人レベルの探求から、今日の社会が直面している社会的あるいは政治的な最も緊急な問題の全般に及び、分類の域を越えています。彼の本は著述されたものではなく、さまざまな国から訪れた聴き手に向けて、即興でなされた講話のオーディオやビデオの記録から書き起こされたものです。

ＯＳＨＯは、「私はあなたがただけに向けて話しているのではない、将来の世代に向けても話しているのだ」と語ります。

ＯＳＨＯはロンドンの「サンデー・タイムス」によって『二十世紀をつくった千人』の一人として、また米国の作家トム・ロビンスによって『イエス・キリスト以来、最も危険な人物』として評されています。

また、インドのサンデーミッドデイ誌はガンジー、ネルー、ブッダと共に、インドの運命を変えた十人の人物に選んでいます。

ＯＳＨＯは自らのワークについて、自分の役割は新しい人類が誕生するための状況をつくることだと語っています。彼はしばしば、この新しい人類を「ゾルバ・ザ・ブッダ」――ギリシャ人ゾルバの世俗的な享楽と、ゴータマ・ブッダの沈黙の静穏さの両方を享受できる存在として描き出します。

ＯＳＨＯのワークのあらゆる側面を糸のように貫いて流れるものは、東洋の時を越えた英知と、西洋の科学技術の最高の可能性を包含する展望です。

ＯＳＨＯはまた、内なる変容の科学への革命的な寄与――加速する現代生活を踏まえた瞑想へのアプローチによっても知られています。その独特な「活動的瞑想法《アクティブメディテーション》」は、まず心身に溜まった緊張を解放することによって、思考から自由でリラックスした瞑想の境地を、より容易に体験できるよう構成されています。

●より詳しい情報については　http:// **www.osho.com**　をご覧下さい。

多国語による総合的なウェブ・サイトで、ＯＳＨＯの書籍、雑誌、オーディオやビデオによるＯＳＨＯの講話、英語とヒンディー語のＯＳＨＯライブラリーのテキストアーカイブやＯＳＨＯ瞑想の広範囲な情報を含んでいます。

ＯＳＨＯマルチバーシティのプログラムスケジュールと、ＯＳＨＯインターナショナル・メディテーションリゾートについての情報が見つかります。

●ウェブサイト

http://.osho.com/Resort
http://.osho.com/AllAboutOSHO
http://www.youtube.com/OSHOinternational
http://www.Twitter.com/OSHOtimes
http://www.facebook.com/pages/OSHO.International

◆問い合わせ

Osho International Foundation ; www.osho.com/oshointernational, oshointernational@oshointernational.com

日本各地の主な OSHO 瞑想センター

OSHO に関する情報をさらに知りたい方、実際に瞑想を体験してみたい方は、お近くの OSHO 瞑想センターにお問い合わせ下さい。

参考までに、各地の主な OSHO 瞑想センターを記載しました。尚、活動内容は各センターによって異なりますので、詳しいことは直接お確かめ下さい。

◆東京◆

・**OSHO サクシン瞑想センター**　Tel & Fax 03-5382-4734
マ・ギャン・パトラ　〒 167-0042　東京都杉並区西荻北 1-7-19
e-mail osho@sakshin.com　http://www.sakshin.com

・**OSHO ジャパン瞑想センター**
マ・デヴァ・アヌパ　Tel 03-3701-3139
〒 158-0081　東京都世田谷区深沢 5-15-17

◆大阪、兵庫◆

・**OSHO ナンディゴーシャインフォメーションセンター**
スワミ・アナンド・ビルー　Tel & Fax 0669-74-6663
〒 537-0013　大阪府大阪市東成区大今里南 1-2-15 J&K マンション 302

・**OSHO インスティテュート・フォー・トランスフォーメーション**
マ・ジーヴァン・シャンティ、スワミ・サティヤム・アートマラーマ
〒 655-0014　兵庫県神戸市垂水区大町 2-6-B-143
e-mail j-shanti@titan.ocn.ne.jp　Tel & Fax 078-705-2807

・**OSHO マイトリー瞑想センター**　Tel & Fax 078-412-4883
スワミ・デヴァ・ヴィジェイ
〒 658-0000　兵庫県神戸市東灘区北町 4- 4-12 A-17

・**OSHO ターラ瞑想センター**　Tel 090-1226-2461
マ・アトモ・アティモダ
〒 662-0018　兵庫県西宮市甲陽園山王町 2- 46　パインウッド

・**OSHO インスティテュート・フォー・セイクリッド・ムーヴメンツ・ジャパン**
スワミ・アナンド・プラヴァン
〒 662-0018　兵庫県西宮市甲陽園山王町 2- 46　パインウッド
Tel & Fax 0798-73-1143　http://homepage3.nifty.com/MRG/

・**OSHO オーシャニック・インスティテュート** Tel 0797-71-7630
スワミ・アナンド・ラーマ　〒 665-0051　兵庫県宝塚市高司 1-8-37-301
e-mail oceanic@pop01.odn.ne.jp

◆愛知◆

・**OSHO 庵瞑想センター** Tel & Fax 0565-63-2758
スワミ・サット・プレム 〒444-2326 愛知県豊田市国谷町柳ケ入２番
e-mail satprem@docomo.ne.jp

・**OSHO EVENTS センター** Tel & Fax 052-702-4128
マ・サンボーディ・ハリマ
〒465-0058 愛知県名古屋市名東区貴船 2-501 メルローズ 1 号館 301
e-mail: dancingbuddha@magic.odn.ne.jp

◆その他◆

・**OSHO チャンパインフォメーションセンター** Tel & Fax 011-614-7398
マ・プレム・ウシャ 〒064-0951 北海道札幌市中央区宮の森一条 7-1-10-703
e-mail ushausha@lapis.plala.or.jp
http:www11.plala.or.jp/premusha/champa/index.html

・**OSHO インフォメーションセンター** Tel & Fax 0263-46-1403
マ・プレム・ソナ 〒390-0317 長野県松本市洞 665-1
e-mail sona@mub.biglobe.ne.jp

・**OSHO インフォメーションセンター** Tel & Fax 0761-43-1523
スワミ・デヴァ・スッコ 〒923-0000 石川県小松市佐美町申 227

・**OSHO インフォメーションセンター広島** Tel 082-842-5829
スワミ・ナロパ、マ・ブーティ 〒739-1733 広島県広島市安佐北区口田南 9-7-31
e-mail prembhuti@blue.ocn.ne.jp http://now.ohah.net/goldenflower

・**OSHO フレグランス瞑想センター** Tel 090-8473-5554
スワミ・ディークシャント
〒857-2306 長崎県西海市大瀬戸町瀬戸東濱郷 1982-5
e-mail: studio.emptysky@gmail.com http://osho-fragrance.com

・**OSHO ウツサヴァ・インフォメーションセンター** Tel 0974-62-3814
マ・ニルグーノ 〒878-0005 大分県竹田市大字挾田 2025
e-mail: light@jp.bigplanet.com http://homepage1.nifty.com/UTSAVA

◆インド・プネー◆

OSHO インターナショナル・メディテーション・リゾート
Osho International Meditation Resort
17 Koregaon Park Pune 411001 (MS) INDIA
Tel 91-20-4019999 Fax 91-20-4019990
http://www.osho.com
e-mail：oshointernational@oshointernational.com

＜OSHO 講話 DVD 日本語字幕スーパー付＞

■価格は全て税別です。※送料／DVD 1本¥260　2～3本¥320　4～5本¥360　6～10本¥460

■ 無意識から超意識へ ― 精神分析とマインド―

「新しい精神分析を生み出すための唯一の可能性は、超意識を取り込むことだ。そうなれば、意識的なマインドには何もできない。超意識的なマインドは、意識的なマインドをその条件付けから解放できる。 そうなれば人は大いなる意識のエネルギーを持つ。OSHO」その緊迫した雰囲気と、内容の濃さでも定評のあるワールドツアー、ウルグアイでの講話。

●本編 91 分　●￥3,800（税別）● 1986 年ウルグアイでの講話

■ 大いなる目覚めの機会― ロシアの原発事故を語る―

死者二千人を超える災害となったロシアのチェルノブイリ原発の事故を通して、災害は、実は目覚めるための大いなる機会であることを、興味深い様々な逸話とともに語る。

●本編 87 分　●￥3,800（税別）● 1986 年ウルグアイでの講話

■ 過去生とマインド― 意識と無心、光明―

過去生からの条件付けによるマインドの実体とは何か。どうしたらそれに気づけるのか、そして意識と無心、光明を得ることの真実を、インドの覚者 OSHO が深く掘り下げていく。

●本編 85 分　●￥3,800（税別）● 1986 年ウルグアイでの講話

■ 二つの夢の間に ―チベット死者の書・バルドを語る―

バルドと死者の書を、覚醒への大いなる手がかりとして取り上げる。死と生の間、二つの夢の間で起こる覚醒の隙間――「死を前にすると、人生を一つの夢として見るのはごく容易になる」

●本編 83 分　●￥3,800（税別）● 1986 年ウルグアイでの講話

■ からだの神秘 ―ヨガ、タントラの科学を語る―

五千年前より、自己実現のために開発されたヨガの肉体からのアプローチを題材に展開される OSHO の身体論。身体、マインド、ハート、気づきの有機的なつながりと、その変容のための技法を明かす。

●本編 95 分　●￥3,800（税別）● 1986 年ウルグアイでの講話

■ 苦悩に向き合えばそれは至福となる―痛みはあなたが創り出す―

「苦悩」という万人が抱える内側の闇に、覚者 OSHO がもたらす「理解」という光のメッセージ。「誰も本気では自分の苦悩を払い落としてしまいたくない。少なくとも苦悩はあなたを特別な何者かにする」

●本編 90 分　●￥3,800（税別）● 1985 年オレゴンでの講話

■ 新たなる階梯 ―永遠を生きるアート―

これといった問題はないが大きな喜びもない瞑想途上の探求者に OSHO が指し示す新しい次元を生きるアート。

●本編 86 分　●￥3,800（税別）● 1987 年プネーでの講話

■ サンサーラを超えて―菜食と輪廻転生― ※ VHS ビデオ版有。

あらゆる探求者が求めた至高の境地を、ピュタゴラスの＜黄金詩＞を通してひもとく。菜食とそれに深く関わる輪廻転生の真実、過去生、進化論、第四の世界などを題材に語る。

●本編 103 分　●￥3,800（税別）● 1978 年プネーでの講話

※ DVD、書籍等購入ご希望の方は市民出版社迄お申し込み下さい。（価格は全て税別です）
郵便振替口座：市民出版社　00170-4-763105
※日本語訳ビデオ、オーディオ、CD の総合カタログ（無料）ご希望の方は市民出版社迄。

発売　(株)市民出版社 www.shimin.com
TEL. 03-6913-5579
FAX. 03-6913-5589

＜ OSHO 講話 DVD 日本語字幕スーパー付＞

■価格は全て税別です。※送料／ DVD 1 本 ¥260　2 ～ 3 本 ¥320　4 ～ 5 本 ¥360　6 ～ 10 本 ¥460

■ 道元 7 —1 日をブッダとして生きなさい—

偉大なる禅師・道元の『正法眼蔵』を題材に、すべての人の内にある仏性に向けて語られる目醒めの一打。
『一瞬といえども二度と再びあなたの手には戻ってこない、過ぎ去ったものは永久に過ぎ去ってしまったのだ』。一茶の俳句など、様々な逸話を取り上げながら説かれる、好評道元シリーズ第 7 弾！（瞑想リード付）

●本編 117 分　●￥3,800（税別）● 1988 年プネーでの講話

■ 道元 6 —あなたはすでにブッダだ—（瞑想リード付）

●本編 2 枚組 131 分　●￥4,380（税別）● 1988 年プネーでの講話

■ 道元 5 —水に月のやどるがごとし—（瞑想リード付）

●本編 98 分　●￥3,800（税別）● 1988 年プネーでの講話

■ 道元 4 —導師との出会い・覚醒の炎—（瞑想リード付）

●本編 2 枚組 139 分　●￥4,380（税別）● 1988 年プネーでの講話

■ 道元 3—山なき海・存在の巡礼—（瞑想リード付）

●本編 2 枚組 123 分　●￥3,980（税別）● 1988 年プネーでの講話

■ 道元 2 —輪廻転生・薪と灰—（瞑想リード付）

●本編 113 分　●￥3,800（税別）● 1988 年プネーでの講話

■ 道元 1—自己をならふといふは自己をわするるなり—（瞑想リード付）

●本編 105 分　●￥3,800（税別）● 1988 年プネーでの講話

■ 禅宣言 3　—待つ、何もなくただ待つ—（瞑想リード付）

禅を全く新しい視点で捉えた OSHO 最後の講話シリーズ。「それこそが禅の真髄だ—待つ、何もなくただ待つ。この途方もない調和、この和合こそが禅宣言の本質だ（本編より）」

●本編 2 枚組 133 分●￥4,380（税別）● 1989 年プネーでの講話（瞑想リード付）

■ 禅宣言 2　—沈みゆく幻想の船—（瞑想リード付）

深い知性と大いなる成熟へ向けての禅の真髄を語る、OSHO 最後の講話シリーズ。あらゆる宗教の見せかけの豊かさと虚構をあばき、全ての隷属を捨て去った真の自立を説く。

●本編 2 枚組 194 分●￥4,380（税別）● 1989 年プネーでの講話

■ 禅宣言 1—自分自身からの自由—（瞑想リード付）

禅の真髄をあますところなく説き明かす、OSHO 最後の講話シリーズ。古い宗教が崩れ去る中、禅を全く新しい視点で捉え、人類の未来への新しい地平を拓く。

●本編 2 枚組 220 分　●￥4,380（税別）● 1989 年プネーでの講話

■ 内なる存在への旅 －ボーディダルマ 2－

ボーディダルマはその恐れを知らぬ無法さゆえに、妥協を許さぬ姿勢ゆえに、ゴータマ・ブッダ以降のもっとも重要な＜光明＞の人になった。

●本編 88 分　●￥3,800（税別）● 1987 年プネーでの講話

■ 孤高の禅師 ボーディダルマ—求めないことが至福—

菩提達磨語録を実存的に捉え直す。中国武帝との邂逅、禅問答のような弟子達とのやりとり、奇妙で興味深い逸話を生きた禅話として展開。「“求めないこと”がボーディダルマの教えの本質のひとつだ」　●本編 2 枚組 134 分　●￥4,380（税別）● 1987 年プネーでの講話

＜OSHO 既刊書籍＞ ■価格は全て税別です。

伝記

OSHO・反逆の軌跡—異端の神秘家・魂の伝記

■著／ヴァサント・ジョシ

OSHOの生涯と活動を、余すところなく弟子が綴る魂の伝記。悩み惑う日常からの脱却と、自己本来の道への探求を促す自由と覚醒の足跡。誕生から始まる劇的な生涯そのものが、まさにOSHOの教えであることを示す貴重な書。

＜内容＞ ●青少年期：冒険の年 ●光明 ●ワールドツアー ●あなたに私の夢を託す 他

■ A5 変判並製 400 頁 ¥2,600（税別） 送料 ¥390

新装版 朝の目覚めに贈る言葉
新装版 夜眠る前に贈る言葉
—魂に語りかける 365 日のメッセージ集

眠る前の最後の思考は、朝目覚める時の最初の思考になる……。生まれ変わったように、新たな一日一日を生きる……。特別に朝と夜のために編まれたインドの神秘家・OSHOの言葉。生きることの根源的な意味と、自分を見つめ活力が与えられる覚者からの365日のメッセージ。コンパクトサイズでギフトにも最適です。

＜朝＞ B6 変判並製 584 頁 2,300 円（税別） 送料 390 円　＜夜＞ B6 変判並製 568 頁 2,200 円（税別） 送料 390 円

探求

奇跡の探求Ⅰ,Ⅱ
—内的探求とチャクラの神秘

内的探求と変容のプロセスを秘教的領域にまで奥深く踏み込み、説き明かしていく。Ⅱは七つのチャクラと七身体の神秘を語る驚くべき書。男女のエネルギーの性質、クンダリーニ、タントラ等について、洞察に次ぐ洞察が全編を貫く。

■Ⅰ：四六判上製 488 頁 2,800円+税／送料 390 円
■Ⅱ：四六判並製 488 頁 2,450円+税／送料 390 円

真理の泉
—魂の根底をゆさぶる真理への渇望

人間存在のあらゆる側面に光を当てながら、真理という究極の大海へと立ち向かう、覚者OSHOの初期講話集。若きOSHOの燃えるような真理への渇望、全身全霊での片時も離れない渇仰が、力強くあなたの魂の根底をゆさぶり、今ここに蘇る。

■四六判並製 448 頁 2,350 円＋税／送料 390 円

瞑想の道—自己探求の段階的ガイド
＜ディヤン・スートラ新装版＞

■四六判並製 328 頁 2,200 円＋税／送料 390 円

死ぬこと 生きること
— 死の怖れを超える真実

■四六判並製 448 頁 2,350 円＋税／送料 390 円

新瞑想法入門— OSHO の瞑想法集大成

禅、密教、ヨーガ、タントラ、スーフィなどの古来の瞑想法から、現代人のために編み出されたOSHO独自の方法まで、わかりやすく解説。技法の説明の他にも、瞑想の本質や原理、探求者からの質問にも的確な道を指し示す。真理を求める人々必携の書。

■A 5 判並製 520 頁 3,280 円（税別）送料 390 円

魂のヨーガ
— パタンジャリのヨーガスートラ

■四六判並製 408 頁 2,400 円＋税／送料 390 円

インナージャーニー
— 内なる旅・自己探求のガイド

■四六判並製 304 頁 2,200 円＋税／送料 320 円

グレート・チャレンジ
— 超越への対話

■四六判上製 382 頁 2,600 円＋税／送料 390 円

隠された神秘
— 秘宝の在処

■四六判上製 304 頁 2,600 円＋税／送料 390 円

OSHO　TIMES　日本語版　バックナンバー

※尚、Osho Times バックナンバーの詳細は、www.shimin.com でご覧になれます。
(バックナンバーは東京・書泉グランデ、埼玉・ブックデポ書楽に揃っています。) ●1冊／¥1,280（税別）／送料 ¥260

	内容紹介		
vol.2	独り在ること	vol.3	恐れとは何か
vol.4	幸せでないのは何故？	vol.5	成功の秘訣
vol.6	真の自由	vol.7	エゴを見つめる
vol.8	創造的な生	vol.9	健康と幸福
vol.10	混乱から新たなドアが開く	vol.11	時間から永遠へ
vol.12	日々を禅に暮らす	vol.13	真の豊かさ
vol.14	バランスを取る	vol.15	優雅に生きる
vol.16	ハートを信頼する	vol.17	自分自身を祝う
vol.18	癒しとは何か	vol.19	くつろぎのアート
vol.20	創造性とは何か	vol.21	自由に生きていますか
vol.22	葛藤を超える	vol.23	真のヨーガ
vol.24	誕生、死、再生	vol.25	瞑想―存在への歓喜
vol.26	受容―あるがままの世界	vol.27	覚者のサイコロジー
vol.28	恐れの根源	vol.29	信頼の美
vol.30	変化が訪れる時	vol.31	あなた自身の主人で在りなさい
vol.32	祝祭―エネルギーの変容	vol.33	眠れない夜には
vol.34	感受性を高める	vol.35	すべては瞑想
vol.36	最大の勇気	vol.37	感謝
vol.38	観照こそが瞑想だ	vol.39	内なる静けさ
vol.40	自分自身を超える	vol.41	危機に目覚める
vol.42	ストップ！気づきを高める技法	vol.43	罪悪感の根を断つ
vol.44	自分自身を愛すること	vol.45	愛する生の創造
vol.46	ボディラブ―からだを愛すること	vol.47	新しい始まりのとき
vol.48	死―最大の虚構	vol.49	内なる平和―暴力のルーツとは
vol.50	生は音楽だ	vol.51	情熱への扉
vol.52	本物であること	vol.53	過去から自由になる
vol.54	与えること 受け取ること ■受容すること ■瞑想の贈り物 他		

●OSHO Times 1冊／￥1,280（税別）／送料 ￥260
■郵便振替口座：00170-4-763105 ■口座名／（株）市民出版社
■ TEL ／ 03-6913-5579
・代金引換郵便（要手数料￥300）の場合、商品到着時に支払。
・郵便振替、現金書留の場合、代金を前もって送金して下さい。

神秘家 エンライトメント ●アシュタバクラの講話	インド古代の12才の覚者・アシュタバクラと比類なき弟子・帝王ジャナクとの対話を題材に、技法なき気づきの道についてOSHOが語る。 ■ A5判並製／504頁／2,800円 〒390円
ラスト・モーニング・スター ●女性覚者ダヤに関する講話	過去と未来の幻想を断ち切り、今この瞬間から生きること――。スピリチュアルな旅への愛と勇気、究極なるものとの最終的な融合を語りながら時を超え死をも超える「永遠」への扉を開く。 ■ 四六判並製／568頁／2,800円 〒390円
シャワリング・ ウィズアウト・クラウズ ●女性覚者サハジョの詩	光明を得た女性神秘家サハジョの、「愛の詩」について語られた講話。女性が光明を得る道、女性と男性のエゴの違いや、落とし穴に光を当てる。 ■ 四六判並製／496頁／2,600円 〒390円
禅 禅宣言 ●OSHO最後の講話	「自分がブッダであることを覚えておくように――サマサティ」この言葉を最後に、OSHOはすべての講話の幕を降ろした。禅を全く新しい視点で捉え、人類の未来に向けた新しい地平を拓く。 ■ 四六判上製／496頁／2,880円 〒390円
無水無月 ●ノーウォーター・ノームーン	禅に関する10の講話集。光明を得た尼僧千代能、白隠、一休などをテーマにした、OSHOならではの卓越した禅への理解とユニークな解釈。OSHOの禅スティック、目覚めへの一撃。 ■ 四六判上製／448頁／2,650円 〒390円
そして花々は降りそそぐ ●パラドックスの妙味・11の禅講話	初期OSHOが語る11の禅講話シリーズ。「たとえ死が迫っていても、師を興奮させるのは不可能だ。彼を驚かせることはできない。完全に開かれた瞬間に彼は生きる」――OSHO ■ 四六判並製／456頁／2,500円 〒390円
インド 私の愛するインド ●輝ける黄金の断章	光明を得た神秘家や音楽のマスターたちや類まれな詩などの宝庫インド。真の人間性を探求する人々に、永遠への扉であるインドの魅惑に満ちたヴィジョンを、多面的に語る。 ■ A4判変型上製／264頁／2,800円 〒390円
タントラ サラハの歌 ●タントラ・ヴィジョン新装版	タントラの祖師・サラハを語る。聡明な若者サラハは仏教修行僧となった後、世俗の女性覚者に導かれ光明を得た。サラハが国王のために唄った40の詩を題材に語るタントラの神髄！ ■四六判並製／480頁／2,500円〒390円
タントラの変容 ●タントラ・ヴィジョン 2	光明を得た女性と暮らしたタントリカ、サラハの経文を題材に語る瞑想と愛の道。恋人や夫婦の問題等、探求者からの質問の核を掘り下げ、内的成長の鍵を明確に語る。 ■ 四六判並製／480頁／2,500円 〒390円
スーフィ ユニオ・ミスティカ ●スーフィ、悟りの道	イスラム神秘主義、スーフィズムの真髄を示すハキーム・サナイの「真理の花園」を題材に、OSHOが語る愛の道。「この本は書かれたものではない。彼方からの、神からの贈り物だ」OSHO ■ 四六判並製／488頁／2,480円 〒390円
ユダヤ 死のアート ●ユダヤ神秘主義の講話	生を理解した者は、死を受け入れ歓迎する。その人は一瞬一瞬に死に、一瞬一瞬に蘇る。死と生の神秘を解き明かしながら生をいかに強烈に、トータルに生ききるかを余すところなく語る。 ■四六判並製／416頁／2,400円 〒390円
書　簡 知恵の種子 ●ヒンディ語初期書簡集	OSHOが親密な筆調で綴る120通の手紙。列車での旅行中の様子や四季折々の風景、日々の小さな出来事から自己覚醒、愛、至福へと導いていく。講話とはひと味違った感覚で編まれた書簡集。 ■ A5判変型上製／288頁／2,300円 〒320円

数秘＆タロット＆その他

■ **わたしを自由にする数秘**―本当の自分に還るパーソナルガイド／著／マ・プレム・マンガラ
＜内なる子どもとつながる新しい数秘＞ 誕生日で知る幼年期のトラウマからの解放と自由。 同じ行動パターンを繰り返す理由に気づき、あなた自身を解放する数の真実。無意識のパターンから自由になるガイドブック。 A5判並製 384頁　2,600円（税別）送料 390円

■ **直感のタロット**―人間関係に光をもたらす実践ガイド／著／マ・プレム・マンガラ
＜クロウリー トートタロット使用 ※タロットカードは別売 ＞ 意識と気づきを高め、自分の直感を通してカードを学べる完全ガイド本。初心者にも、正確で洞察に満ちたタロット・リーディングができます。 A5判並製 368頁　2,600円（税別）送料 390円

■ **和尚との至高の瞬間**―著／マ・プレム・マニーシャ
OSHOの講話の質問者としても著名なマニーシャの書き下ろし邦訳版。常に OSHO と共に過ごした興味深い日々を真摯に綴る。 四六判並製 256頁　1,900円（税別）送料 320円

＜OSHO 瞑想 CD＞

ダイナミック瞑想
全 5 ステージ
60 分

◆デューター

¥2,913（税別）

OSHO の瞑想法の中で、最も代表的で活動的な早朝の瞑想。生命エネルギーの浄化をもたらす混沌とした呼吸とカタルシス、フゥッ！というスーフィーの真言《マントラ》、そして突然のストップ。最後はフリーダンスで自分自身を喜び祝う。

クンダリーニ瞑想
全 4 ステージ
60 分

◆デューター

¥2,913（税別）

未知なるエネルギーの上昇と内なる静寂、目醒めのメソッド。OSHO によって考案された瞑想の中でも、ダイナミックと並んで多くの人が取り組んでいる活動的瞑想法。通常は夕方、日没時に行なわれる。

ナタラジ瞑想
全 3 ステージ
65 分

◆デューター

¥2,913（税別）

自我としての「あなた」が踊りのなかに溶け去るトータルなダンスの瞑想。第 1 ステージは目を閉じ、40 分間とりつかれたように踊る。第 2 ステージは目を閉じたまま横たわり動かずにいる。最後の 5 分間、踊り楽しむ。

ナーダブラーマ瞑想
全 3 ステージ
60 分

◆デューター

¥2,913（税別）

宇宙と調和して脈打つ、ヒーリング効果の高いハミングメディテーション。脳を活性化し、あらゆる神経繊維をきれいにし、癒しの効果をもたらすチベットの古い瞑想法の一つ。

チャクラ サウンド瞑想
全 2 ステージ
60 分

◆カルネッシュ

¥2,913（税別）

7 つのチャクラに目覚め、内なる静寂をもたらすサウンドのメソッド。各々のチャクラで音を感じ、チャクラのまさに中心でその音が振動するように声を出すことにより、チャクラにより敏感になっていく。

チャクラ ブリージング瞑想
全 2 ステージ
60 分

◆カマール

¥2,913（税別）

7 つのチャクラを活性化させる強力なブリージングメソッド。7 つのチャクラに意識的になるためのテクニック。身体全体を使い、1 つ 1 つのチャクラに深く速い呼吸をしていく。

ノーディメンション瞑想
全 3 ステージ
60 分

◆シルス&シャストロ

¥2,913（税別）

グルジェフとスーフィのムーヴメントを発展させたセンタリングのメソッド。この瞑想は旋回《ワーリング》瞑想の準備となるだけでなく、センタリング《中心を定める》のための踊りでもある。3 つのステージからなり、一連の動作と旋回、沈黙へと続く。

ワーリング瞑想
全 2 ステージ
60 分

◆デューター

¥2,913（税別）

内なる存在が中心で全身が動く車輪になったかのように旋回し、徐々に速度を上げていく。体が自ずと倒れたらうつ伏せになり、大地に溶け込むのを感じる。旋回を通して内なる中心を見出し変容をもたらす瞑想法。

グリシャンカール瞑想
全 4 ステージ
60 分

デューター

¥2,913（税別）

呼吸を使って第三の目に働きかける、各 15 分 4 ステージの瞑想法。第一ステージで正しい呼吸が行われることで、血液の中に増加形成される二酸化炭素がまるでエベレスト山の山頂にいるかのごとく感じられる。

ナーダ　ヒマラヤ
全 3 曲
50 分 28 秒

デューター

¥2,622（税別）

ヒマラヤに流れる白い雲のように優しく深い響きが聴く人を内側からヒーリングする。チベッタンベル、ボウル、チャイム、山の小川の自然音。音が自分の中に響くのを感じながら、音と一緒にソフトにハミングする瞑想。

※送料／ CD1 枚 ¥260・2 枚 ¥320・3 枚以上無料